閉じてゆく帝国と逆説の21世紀経済

水野和夫
Mizuno Kazuo

a pilot of wisdom

はじめに――「閉じてゆく」時代のために

　グローバリゼーションを否定するかのような動きが先進国の国民のなかで急速に広がっています。イギリスの国民がＥＵ離脱を選択し、アメリカでは不法移民の国外追放や外国製品に対する関税引き上げを唱えていたトランプを大統領に押し上げたことで、その潮流は誰の目にも明らかになりました。これまでグローバリズムの旗振り役だった英米両国の国民がともに、グローバリゼーションに疑問符を突きつけたのです。

　つまり、これは世界に対して「閉じる」という選択です。

　一九七〇年代から約四〇年にわたって世界に影響を与えてきた新自由主義的な考え方は、一九九一年にソビエト連邦が崩壊すると、世界の「常識」だとして、あらゆる経済活動の前提条件のように考えられてきました。

　その新自由主義的なイデオロギーをうまく包み込んだのがグローバリゼーションです。

「これからの企業はグローバルに活動しなければ、競争に負ける」「世界全体を豊かにするにはグローバリゼーションしか方法はない」といった具合です。政治の分野においてすら「グローバリゼーションによって、あらゆる国で民主化が進む」と肯定的な文脈でしばしば使われていました。

グローバリズムを賛美する言葉がメディアを飾らない日はなく、グローバリゼーションは不可避であり、不可逆な現象であるという強烈な刷り込みが人々に対しておこなわれてきたのです。

しかし、ここにきてグローバリズムに背を向けようという意識が、先進各国の国民の間で広まったのは、いったい、なぜでしょうか。

大きな歴史の見取り図をもとに言えば、一三世紀初頭に始まった資本主義が最終局面を迎えていることと無縁ではありません。投資をしても利潤を得ることが極めて困難な「資本主義の終焉」という「歴史の危機」において、利潤獲得が難しいがゆえに、資本の側が、わずかでも利潤が得られるのであればとあらゆる国境の壁を越え、なりふりかまわぬ「蒐集《しゅうしゅう》」をおこなうようになってきたのです。

これこそが、グローバリゼーションの正体で、元来、国家が市場を適度に規制することなどによって保護されてきた社会の安定が、ナオミ・クラインの言う「ショック・ドクトリン*1（惨事便乗型資本主義）」も厭《いと》わないグローバルな資本の動きによって脅かされる。そうなると、国内の格差や貧困という形でしわ寄せを食うのは、「九九％」という言葉で象徴される一般の国民です。

そうした現実が先進国のなかで目に見える形で現れてきたために、政治のうえでも「反グローバリズム」を標榜《ひょうぼう》する党派が、集票できるようになった。つまり、各国の国民は、グローバルな資本がもたらす不安定性から自分たちを守ってくれる「国民国家」の強化を求めているようです。フランスやイタリアなどでも、あるいはEUの盟主となったドイツですら、同じ動きが見て取れます。

たしかに世界は「閉じていく」プロセスに突入しました。

利潤をもたらしてくれるフロンティアを求めるために地球の隅々にまでグローバリゼーションを加速させていくと、地球が有限である以上、いつかは臨界点に到達し、膨張は収縮に反転する――。資本の自己増殖を目的とする資本主義が限界に達している現在、これは当然のなりゆきです。

しかしながら、今、進んでいる国民国家へのゆり戻しという動きの延長線上に「歴史の危機」を乗り越える解決策はないのではないか、というのが本書を通じて、私が問いかけたいことです。

なぜならば、国民国家の基盤である、五〇〇年続いた近代システムそのものが、八〇〇年の資本主義の歴史とともに終わりを迎えつつあるからです。

世界は今、再び「帝国」の時代に向かっているのです。そのことをふまえて、日本の進む道を私たちは考えなくてはならないのです。

目次

第三章　生き残るのは「閉じた帝国」

第一章　「国民国家」では乗り越えられない「歴史の危機」

▼人類史上最長の超低金利が示す「歴史の危機」

「資本主義の終焉」という「歴史の危機」を乗り越えるために、必要なのはどんなシステムなのか。結論を先取りして言えば、このあと世界が一〇〇年近くかけて移行していくと私が考えるのは、「閉じた帝国」が複数並び立つという世界システムです。

では、その「閉じた帝国」とは何なのか。なぜそのようなシステムが生まれてくるのか。こうした問いに本書全体を通して、答えていこうと思います。

議論を進めるためには、私たちが生きているこの時代とは、いったい、どのようなものなのかを理解するところから始めなくてはなりません。前著『資本主義の終焉と歴史の危機』で提示した歴史の見取り図を簡単に振り返るところから始めましょう。

日本の一〇年国債の利回りは一九九七年に二・〇%を下回り、はやくも二〇年が経《た》とうとしています（図1）。二〇一六年にマイナス金利まで経験した私たちは、二・〇%という水準を「高い」と錯覚してしまうほどです。

しかし、これまでの五〇〇〇年の金利の歴史のなかで、二・〇%という水準を複数年にわたって切ったことは過去一度しかありません。中世から近代への移行期である、一六一一

図1　日独米英の10年国債の金利の推移

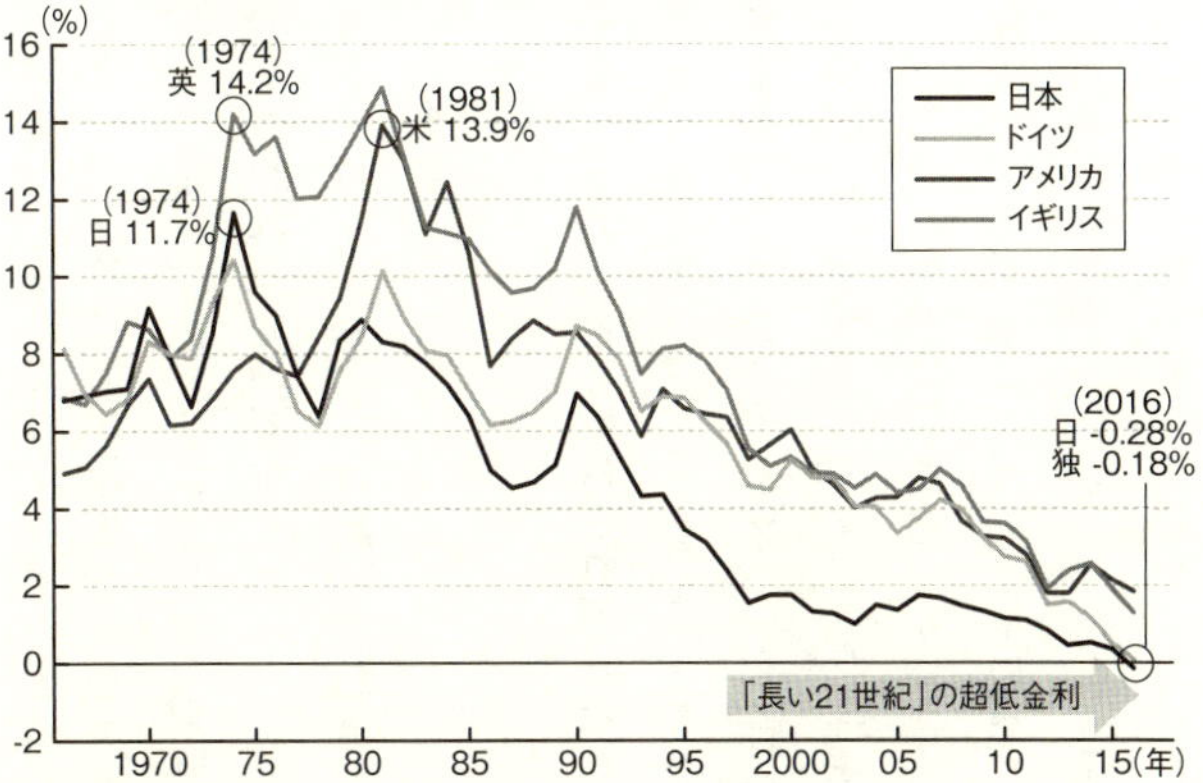

財務省「国債金利情報」、Federal Reserve Bank of St. Louis “Economic Research”, Bank of England “Statistical Interactive Database”などをもとに作成

〜一六二一年のイタリア・ジェノヴァのみです。歴史家フェルナン・ブローデル（一九〇二〜八五年）が「長い一六世紀」（一四五〇〜一六五〇年）と呼んだ大転換期のさなかに起きたこの超低金利は、歴史の歯車が動くサインでした。

しかし現在の日本は、そのイタリアの記録を期間と水準においてはるかに凌駕《りょうが》しています。「長い二一世紀」（一九七〇年〜）と呼ぶべき大転換期に私たちはいるというサインです。この意味を考えることが重要です。

なにゆえ利子率の歴史が重要かといえば、長期金利は資本利潤率の近似値であるからです。利子率＝利潤率が二・〇％を下回った状態では、資本を投下しても利潤を獲得することはできません。これは金利の歴史が証明していることです。

そうしたときに何が起きるのか。利潤の低下は社会のシステムを大きくゆさぶります。「長い二一世紀」のなかで私たちの直面している変化は、「長い一六世紀」の変化を上回るものかもしれないのです。

本書では「長い一六世紀」で起きた変化を手がかりに、これからの世界のあり方を考えていきます。

▼「蒐集」することで維持されてきた社会秩序

歴史を「蒐集（コレクション）」の歴史と捉える考え方が西欧にあります。イギリスの歴史家であるジョン・エルスナーとロジャー・カーディナルによれば、「社会秩序それ自体が本質的に蒐集的（コレクティヴ）[*1]」です。すなわち、「蒐集」することで社会秩序を維持してきたのが西欧文明なのです。

「蒐集」する対象は、最初は土地でしたが、一三世紀初頭に資本の概念が誕生[*2]したことで、その対象は「資本」にかわっていきました（第二章参照）。軍事力を通じて土地を「蒐集」するよりも市場を通じて資本を蒐集したほうが、圧倒的にコストがかからないからです。

「蒐集」とは静態的ではなく、動態的な概念です。つねに「蒐集」し続けなければならず、これで十分という限度はない。それゆえ、「蒐集」の対象たる「資本」にも概念上は限度がありません。

「長い一六世紀」に起きた大転換とは、「陸」の中世封建システムから「海」の近代世界システムへという変化でした。つまり、陸で囲まれた地中海という「閉じた」経済圏では土地の「蒐集」が限界に達し、代わって、七つの海でつながった「無限」の経済圏で資本を「蒐集」するようになったのです。

当時、イタリアという「都市国家」は小さすぎて、「蒐集」する場所が自国内に残されていませんでした。イタリアが財政支援していたスペイン帝国という「陸」の「世界帝国」は、土地を「蒐集」する軍事コストがかかりすぎました。

一方、「海」の国であるオランダやイギリスは、中規模サイズの国家であり、市場を通じて資本を「蒐集」するのにもっとも適していたのです。

しかし、二一世紀の超低金利――人類史上最長の超低金利――は、「実物投資空間」からは、もはや資本を蒐集することができなくなったことを示しています。五〇〇〇年も続いた「蒐集」の歴史の終わりなのです（第三章参照）。

資本の「蒐集」が困難になれば、定義上、それは「資本主義の終焉」ですが、だからこそ、資本の側は、なりふりかまわぬ「蒐集」をおこなうようになっています。

こうしたグローバル資本に振り回されるのはたくさんだ、世界に対して自分たちの社会や市場を「閉じる」方向に向かおうという意識が先進国の国民の間に広まってきた。

これは、いわば自国の社会や市場を自分たち国民の手に取り戻すのだという、国民国家へのゆり戻しです。こうした各国の国民の声が、大きな潮流となって現れたのがイギリスのEU離脱の国民投票であり、「アメリカ・ファースト」を唱え、悪くすれば排外主義に傾くトランプ大統領の誕生でした。言い換えれば、「自国民ファースト」の国家、つまり国民国家を希求する声が、トランプを世界一の権力者の座につかせたのです。

先進国の国民からも収奪して、利潤を確保しようとするグローバル資本に対して、うんざりしているのは先進各国共通の現象です。あくなき利潤の獲得に走るグローバル資本に抵抗しようとする声は、もちろん、まっとうなものです。『21世紀の資本』で、富裕層と一般国民との格差の拡大を数値で見せたトマ・ピケティが言うように、グローバル企業の経営者が「レジに手を突っ込んでいる」[*3]ような状態だからです。

図2　実質賃金と企業利益の推移

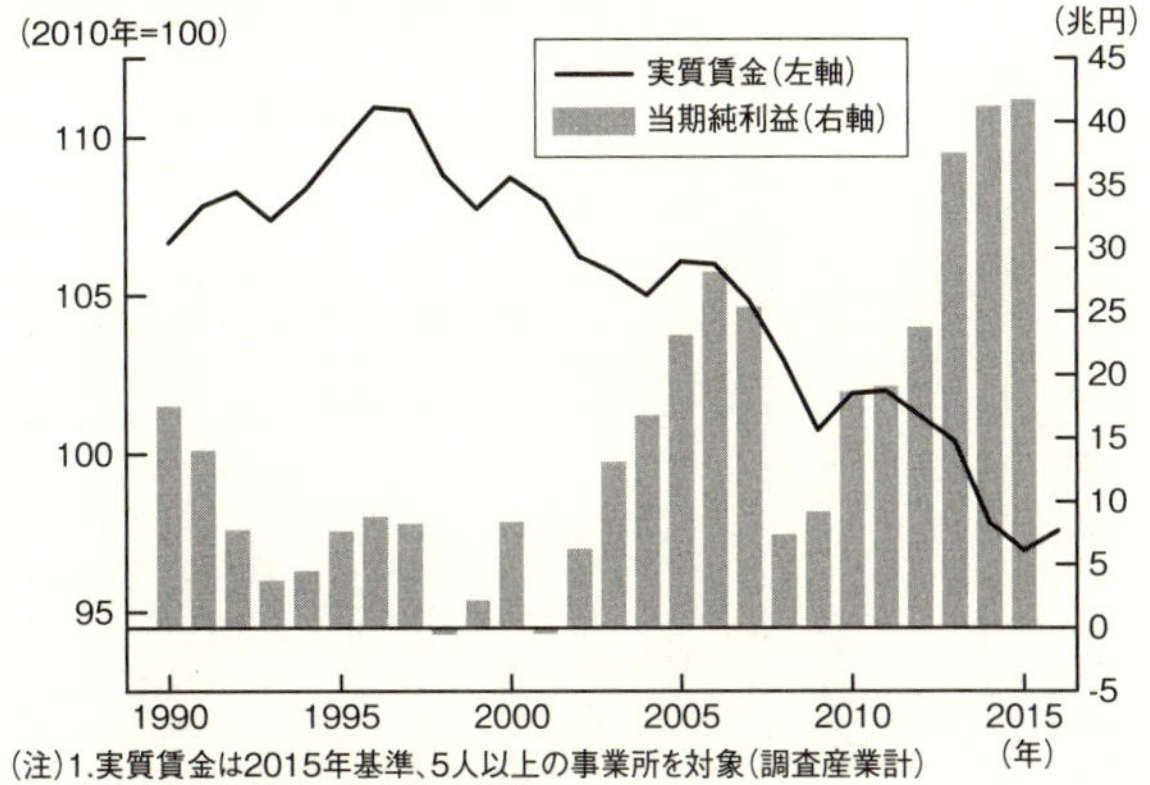

(注)1.実質賃金は2015年基準、5人以上の事業所を対象(調査産業計)
　　2.企業の最終利益は全産業・全規模
厚生労働省「毎月勤労統計」、財務省「法人企業統計年報」をもとに作成

▼国家と国民の離婚

もはや資本と家計は同じ船、すなわち「国民国家」という船には乗っていません。資本は豪華客船で毎日パーティ三昧なのに対して、家計は泥舟で、今にも沈没寸前です。

たとえば日本の賃金は、一九九七年以降、現在に至るまで下落傾向が続いています。しかし、その一方で企業（全産業・全規模）の当期純利益は二〇〇一年度をボトムに増加基調に転じ、二〇一五年度の最終利益はリーマン・ショック前の最高益を四九％も上回っているのです（図2）。

賃金と企業利益は国民総所得（GNI）の内訳ですから、分配率が一定であれば、一方が増加すれば他方も増加するというように、同じ方向に動くのが常です。しかし、二一世紀に入って、明らかに両者は逆方向に動いています。資本と家計が、日本という国民国家のなかで運命共同体であるというのは幻想であったと明らかになったのです。

国民総所得に家計が占める比率で見ると、欧米だけでなく日本においても、経営者と株主がいかに「レジに手を突っ込んで」いたかがよくわかります。国民総所得に占める家計の賃金・俸給の割合は新自由主義路線が世界の潮流になったばかりの一九八〇年度には四六・五%でしたが、二〇一五年度には四〇・五%にまで低下しました（図3）。

本来、労働分配率は、働く人の能力が低下していない限り、循環的な変動はあっても趨勢的には低下しないはずです。賃金を決めるのは、株主によって選ばれた経営者ですから、働く人の能力低下を証明する責任は経営者にあります。経営者がそれを証明できない限り、「レジに手を突っ込んだ」分は返還すべきです。その金額は一八七兆円[*4]にものぼります。[*5]

文字通り地球を覆うのがグローバリゼーションです。日本も例外ではなく、欧米と同じように、資本の利益と国民の利益は相反するようになり、国家は資本の言うなりになっています。つまり、国民国家の解体が進行し、国家は国民に離縁状をたたきつけ、資本の下僕になったのです。

図3　賃金・俸給と国民総所得に占める割合の推移

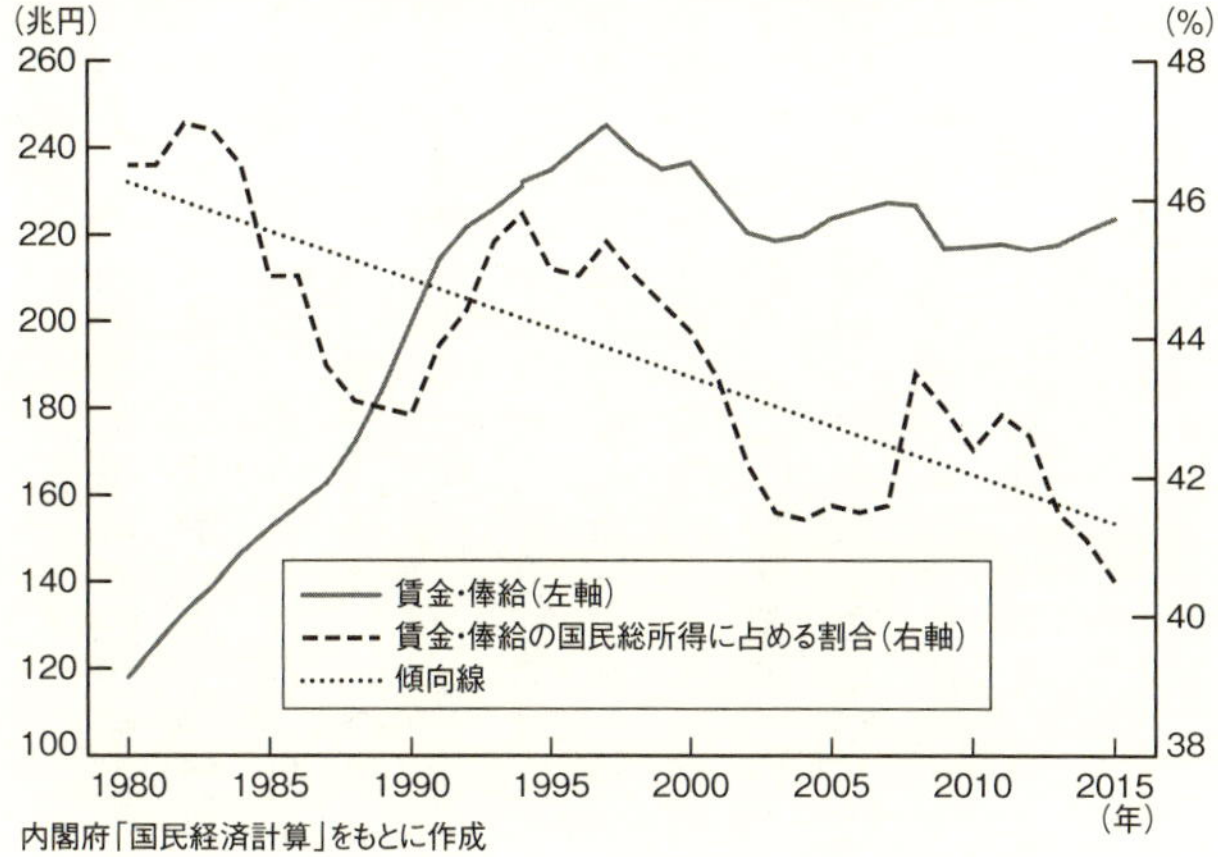

内閣府「国民経済計算」をもとに作成

　しかし、近代国家や近代資本主義の成り立ちを考えれば、これは大して驚くことでもありません。ブローデルは、一六世紀に誕生した領土国家（近代国家）についてこう述べています。「望もうと望むまいと、領土国家は世紀最大の企業家」[*6]なのだと。もっとも資本力のある企業家が国家をつくったのだから、二一世紀の現在、先祖返りしているだけのことです。

　近代資本主義も当初は、ドイツの政治哲学者カール・シュミット（一八八八～一九八五年）が言うように「海賊資本家」による「略奪資本主義」[*7]でした。大惨事に便乗して、新自由主義を名乗りながら略奪をする現代の「ショック・ドクトリン」も、原点に立ち返ったにすぎないのです。

　このような国家と国民の離婚が起き、国民のなかでの格差も広がるなか、反グローバリズム的な国民の声が、政治に届き、行き過ぎたグローバリゼーションを是正する政策が強化されるとすれば、どうでしょう。外部からの悪影響を排除し、国家を国民の手に取り戻そうと声を上げ、国民国家としての国家の機能を再強化させようとする、この一連の動きはとても重要に思えます。

　しかし、ゆがんだ社会を立て直せ、という国民の声が実際の政策として反映されるかどうかは、はなはだ心もとない。リーマン・ショック後の反省で生まれた金融規制の撤廃や富裕層の減税を試みるなど、トランプ大統領の動向も、本当に「九九％」の国民を守るものなのかどうか、すでに雲行きが怪しくなってきました。

　けれども、国民の声を政策に反映しようとしない政治をここで批判したいのではありません。本書で真に問題にしたいのは、グローバリゼーションに抗《あらが》って、国民国家としての側面を以前のように強化していくという道では、この「歴史の危機」は乗り越えられない、ということなのです。

▼オバマ政権時代からグローバリゼーションは限界だった

もうひとつ現状を把握するためにおさえておきたいのは、二〇一六年に英米の国民の反グローバリズム的な意向があらわになる前から、グローバリゼーションの行き詰まりが現実になっていたという点です。

グローバル経済が可能なのは、世界秩序が安定していることが大前提です。オバマ前大統領が二〇一三年九月一〇日、シリア情勢に関するテレビ演説で「アメリカは世界の警察官ではない」と述べた時点ですでに、グローバリズムの旗印では世界秩序がもたないことは明らかでした。

日本企業が巻き込まれた事件として例をあげれば、二〇一三年にアルジェリアの天然ガス精製プラントがイスラム武装勢力に襲撃された事件が象徴的です。BP（イギリス石油メジャー）などのスタッフとともに働いていた、プラント建設会社・日揮の一〇名が命を落としました。この事件を裏返せば、秩序のない「より遠く」の危険な地域にまでおもむかないかぎり、安価なエネルギーを先進国は確保できない。それほど、資源の入手が困難になっているということでもあります。

現代では、国境を越えるビジネスを展開するだけで、生命の危険が待ち受けているのです。

さらに世界秩序が不安定になるなかで、グローバル経済の停滞も統計上の数字となって現れてきました。

一般的にグローバリゼーションとはヒト、モノ、カネの国境を越える自由な移動であると言われていますが、本質的には「中心」に富（資本）を「蒐集」することです。グローバリゼーションでもっとも容易に国境を越えることができるのはカネです。カネが国境を出入りする量を見ることで資本の「蒐集」度合を推し測ることができる。つまり、「中心」であるウォール街にどれだけの資本流入があって、その結果としてどれだけアメリカから資本が流出したか、その流れを追うことでグローバル化の勢いを測ることができます。

アメリカに流入・流出する国際資本は、二〇〇七年の最盛期には対ＧＤＰ比で二六・六％もあったのですが、二〇一六年一～九月期には八・八％（年率変換）へと、およそ三分の一にまで低下しました（図４）。これは、一九八二年の八・七％とほぼ同じ水準で、グローバリゼーションのスタート時点に戻っていると言えます。

モノの国境を越える動きである輸出入、つまり貿易量も、世界全体のＧＤＰ比で見ると、二〇〇八年をピークに減少傾向にあります。*8

図4　アメリカにおける資本のフロー(流入・流出の合計)の対GDP比

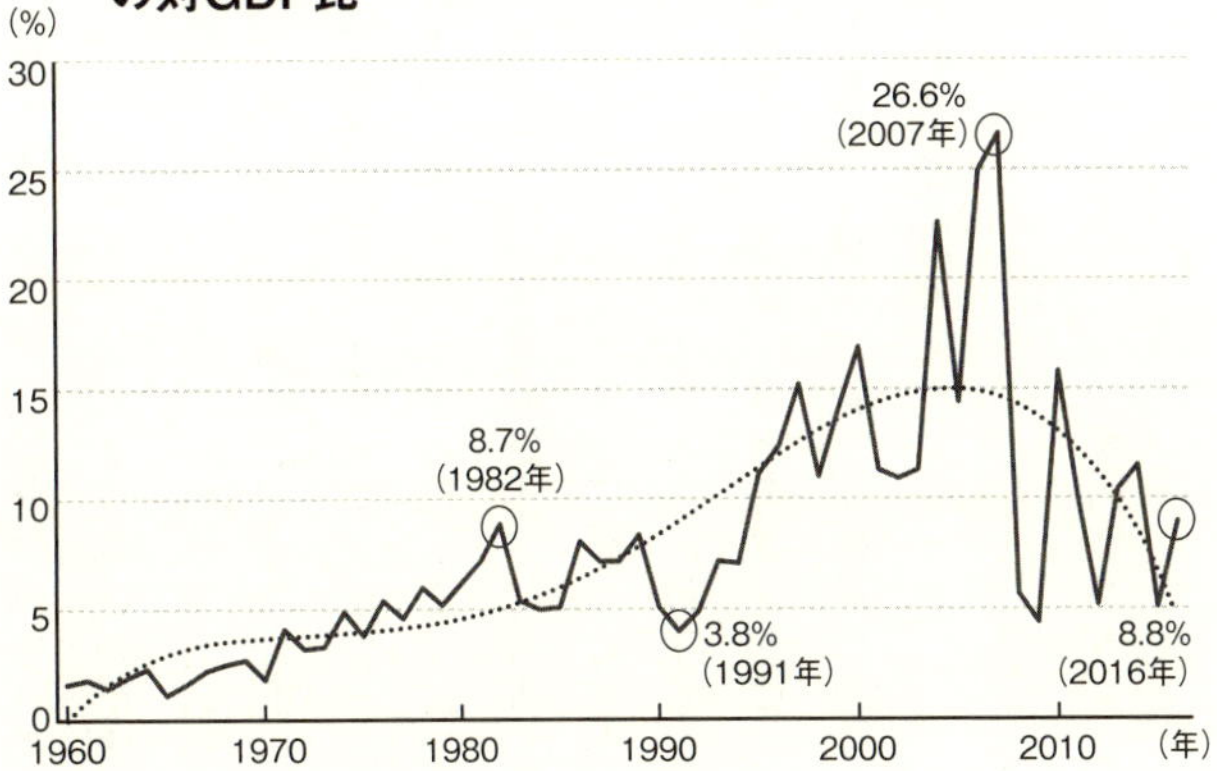

米商務省"U.S. International Transactions"をもとに作成

ヒトの国境を越える移動も鈍化しています。アメリカへの移民(パーマネント)は二〇一四年で一〇一・七万人で、二〇〇六年の一二六・六万人を大きく下回っています[*9]。

トランプはなにも突飛なことを掲げて勝利したわけではありません。トランプはすでにオバマ政権で起きていたことを、過激な言葉を使って追認しただけです。そうでも言わないと、政治に失望した「ラスト・ベルト(ミシガン州やイリノイ州などのさびついた工業地帯)」の人々が投票してくれないのです。

▼資本主義の最終局面で国民国家を維持できるのか

資本が自己増殖を続けるために、利潤を求

めて新たなフロンティアをつくり出そうとする。それが「より遠く」へ行くことで資本を蒐集するグローバリゼーションの正体でした。では、はたして国民国家という砦《とりで》に立てこもることで、グローバル資本主義の暴走を食い止めることができるでしょうか。

じつは、多くの論者が、それが正しい対処法だと答えるようになっています。しかしながら、私にはそれが有効だとは思えないのです。

資本が主で、国家がその下僕であるというのがグローバル近代資本主義の本質ですが、ピケティが『21世紀の資本』で分析したように、一九一〇年から一九七〇年までは、国家が資本をコントロール下に置くことができました。しかし、その時代には戻ることもできないし、戻ることが望ましいわけでもありません。

なぜなら、国家が資本をコントロール下に置くことが可能だった理由は、二度の国家総動員となった世界大戦とその後の米ソ冷戦構造にあるからです。それに戻そうというのは、不謹慎な考え方です。

歴史をつくるとは与えられた環境下で最善の努力をすることです。二〇世紀の最初の四分の三は、戦争という条件のなかで、いかに中産階級を生むかに政治家や企業家は注力したのです。

二〇世紀においてそうした条件が消えれば、中産階級を維持、あるいは新たに生む努力をすべきなのに、国家はそれを放棄してしまった。努力を放棄したがゆえに、民主主義や国民国家システムが機能不全を起こしています。私たちがグローバリズムに異を唱えるだけでは、「資本主義の終焉」という「歴史の危機」から脱することにはなりません。

つまり、向かい合うべき真の問いは、「もはや、国民国家を維持することはできない。では、どうするのか」ということなのです。

近代国家において、民主主義と資本主義は、相互に補完的な役割を果たしていました。近代化とは、工業化と都市化の形で現れてきます。工業化はアダム・スミス（一七二三～九〇年）が指摘したように「分業化」です。「分業化」は「専門化」にほかなりません。だから、高い教育や技能を身につけた国民が産業に従事したほうがいい。資本主義にとって、民主主義は生産効率を上げる最高のシステムでした。

一方、民主主義を実現するためには、国民の大半が中産階級となって一定の豊かさを享受できることが条件となります。そのためには、資本主義によって一国の利潤を最大化する必要があったのです。

第二次世界大戦後の一九五〇年代から一九七〇年代前半は、このような形で「資本主義と民主主義の結婚」が実現した幸福な時代、歴史家エリック・ホブズボーム（一九一七〜二〇一二年）の言葉を借りれば、「黄金時代」でした。この時代は、いわゆる福祉国家の時代です。民主主義は、教育、医療、福祉の拡大を要求します。民主主義のもと、手厚い教育や医療、福祉で生活を保障された国民は、優秀な労働者としても、購買意欲旺盛な消費者としても資本主義のエンジンとなるものでした。

しかし、資本と国家（＝国民）が円満な結婚生活を送るためには、パイの拡大、すなわち経済成長が必須条件です。逆に言えば、経済成長が止まれば、民主主義と資本主義の両立はできなくなります。

その転換点となったのが、一九七三年のオイル・ショックでした。

これが「長い一六世紀」に匹敵する歴史の転換期、「長い二一世紀」の始まりです。

▼「胡椒《こしょう》」と「原油」がつなぐ資本主義

一九七〇年代までの先進国は、生産量の増大に専念さえすれば経済成長ができました。国際石油資本（セブン・メジャーズ）によって、一バレル＝二ないし三ドルというタダ同然の価格でエネルギーを入手することができたからです。

図5　先進国の交易条件

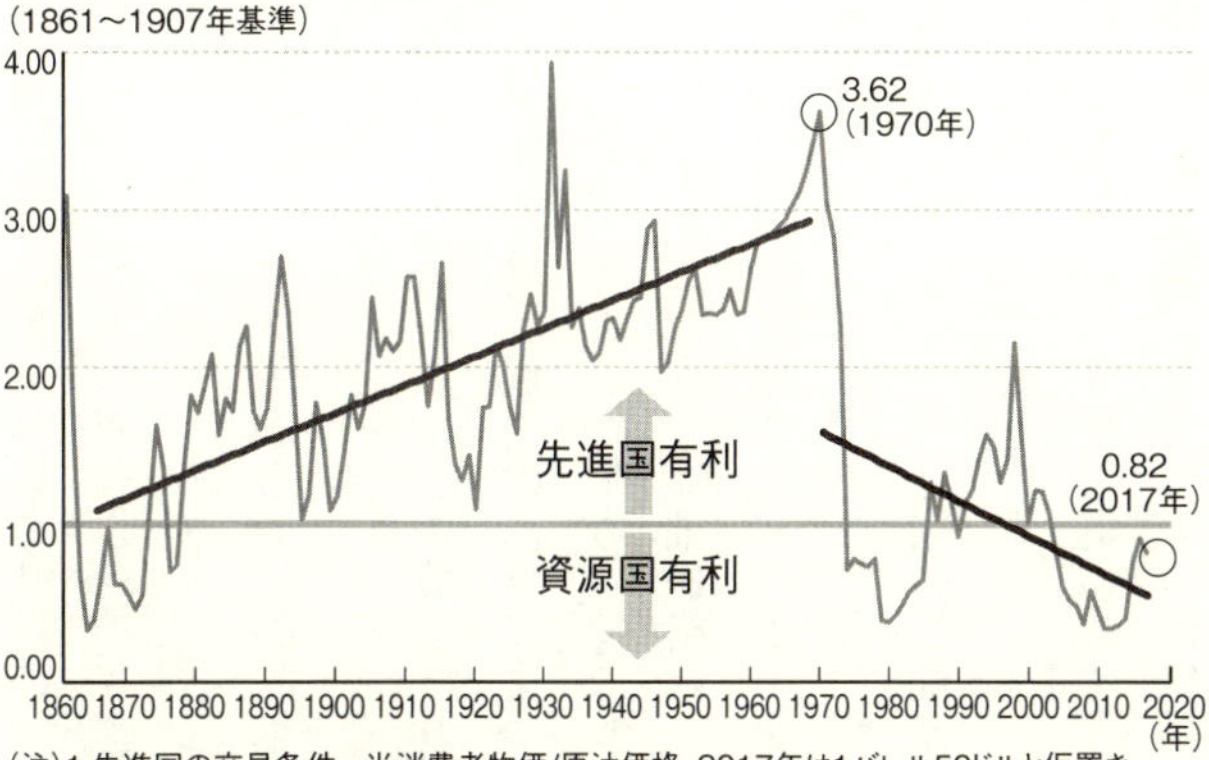

（注）1.先進国の交易条件＝米消費者物価/原油価格、2017年は1バレル50ドルと仮置き
2.傾向線は1865年から1970年までと、1970年から2016年まで
"BP Statistical Review of World Energy June 2016"をもとに作成

このことを経済的に表現したものが「交易条件」です。「交易条件」とは、投入（仕入れ）と産出（売上）の比率を表す指標です。つまり、「より合理的に」を経済的に測る指標と言えます。

たとえば、資源を安く手に入れ、効率的に生産した工業製品を高い値段で輸出すれば、高い利潤を得ることができます。逆に、高い値段で資源を手に入れた場合、価格にそれを転嫁できなければ、利益は薄くなります。

先進国の交易条件は趨勢的に見れば、一九世紀に比べて一九七〇年まで四倍弱に改善しました[*10]（図5）。セブン・メジャーズが、原油を安く仕入れ、かつ必要な量をいつでも提供したので、電気機械産業と自動車産業が資本主義の黄金時代を到来させたのです。

しかし、一九七〇年代以降、先進国の交易条件は、趨勢的には悪化していきます。第一次オイル・ショック（一九七三年）までは、およそ一バレル＝二～三ドルで買えた原油が、オイル・ショック後から二〇〇二年のあいだに、およそ一バレル＝二〇ドルと一〇倍に跳ね上がりました。その後、ＢＲＩＣｓの台頭とそれをあおった原油投機で、二〇〇八年にかけて一四〇ドル台へと高騰したのです（図6）。

このような資源価格の高騰によって、安く資源を手に入れて、製品を高く売るという仕組みを維持することができなくなったわけです。

二〇一七年以降も、原油価格は一バレル＝五〇ドル前後で推移しており、先進国にとって不利な交易であることに変わりありません。先進国が産油国との交易で極端な不利益が存在しないとすれば、ある期間の平均値を基準とした交易条件は、長期的には一・〇に落ち着くはずです。一九世紀の原油価格とアメリカの消費者物価を基準とした先進国の交易条件は二〇一六年で〇・九一です。投入価格である原油価格が、産出価格に相当するアメリカ消費者物価より相対的に高くなっていて、先進国には不利な状態です。

現代の先進国にとっての原油価格の重要性は、東方貿易の始まった一二世紀から、イギ

図6　原油価格の推移

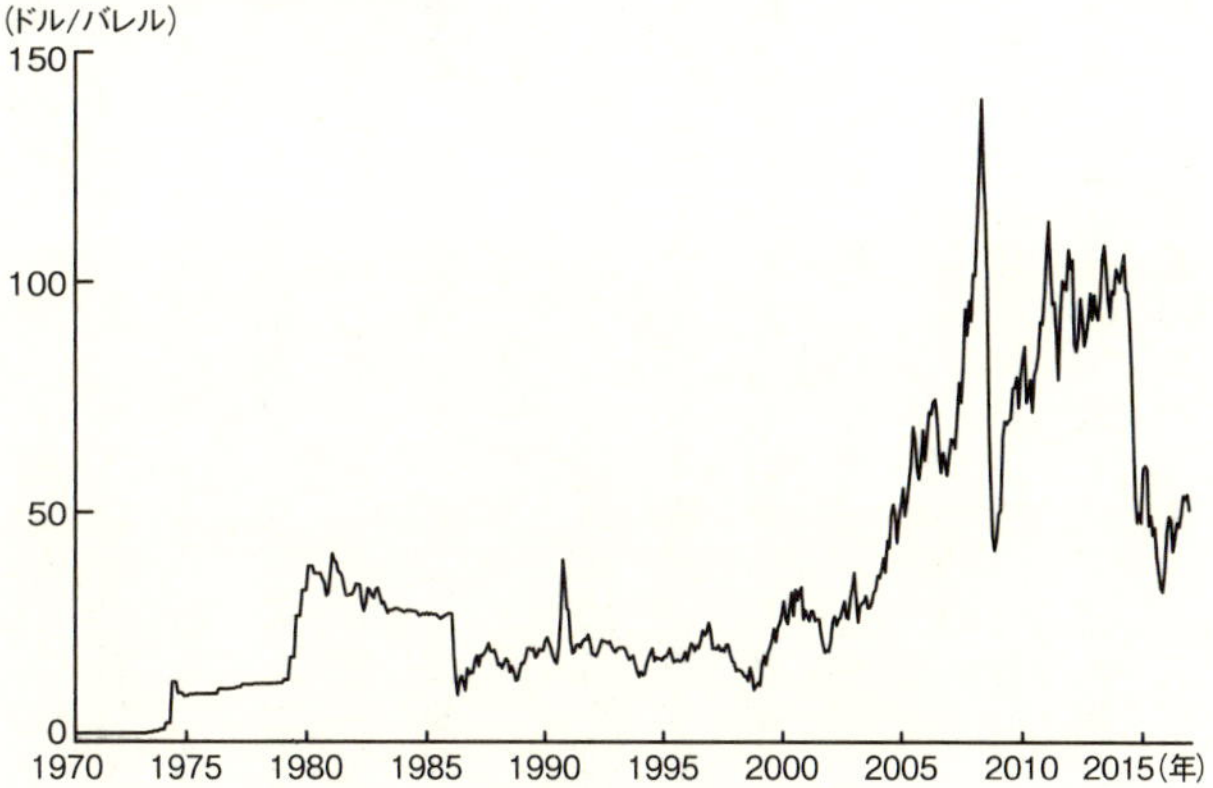

(注)1985年まではアラビアンライト・スポット価格、1986年からはWTI先物・期近物(月末値)。

リス東インド会社がその役目を終える一八三三年までの間の「胡椒」と同じです。

地中海世界の資本蓄積は、一二世紀初めの十字軍にまでさかのぼります。マージョリー・シェファーによれば、「中世ヨーロッパ人はアラブ世界の目もくらむような富」[*11]、すなわち胡椒などを求めて東方に遠征したのです。

一方、後発のイギリスの資本蓄積は、一五八〇年にスペインの植民地や船から略奪した財宝を海賊フランシス・ドレイク（のちに騎士爵。一五四〇頃～九六年）が国家に献上したときより始まり、それを元手に東インド会社が設立されました。

シェファーが言うように、胡椒は「正規の

通貨の一つ」[12]であると認識されていました。東方貿易は「胡椒の同義語」[13]ですらあったのです。イギリスの「東インド会社は世界史上初の株式会社であったが、歴史家たちによれば、その起源は中世スパイス商人（スパイサー、ペッパラーなどと呼ばれた）にある」[14]のです。「スパイスへの欲求と〔現代の〕エネルギー源への需要とが、似通った力を発揮したことは、歴史が証明している」[15]。つまり、地中海世界の資本主義とイギリスの資本主義とは胡椒を通じてつながっていることになります。スパイスは「中世と近代との仲介者としての役目をはたした」[16]のです。

このように富の追求という経済的側面から見れば、中世と近代の間に断絶はありません。中世と近代を分けて考えると、資本主義の本質を見誤ることになります。

「特別な価値のあるものという意味のラテン語 species を語源とする」[17]胡椒は富そのものであり、「原油」は富を獲得するためになくてはならない手段であるという違いはあれども、富への欲求という意味では変わりありません。

イギリスの東インド会社が東方貿易から手を引いたのは一八三三年のことですが、そのわずか三七年後の一八七〇年に世界最初の国際石油資本が設立されたことも象徴的です。それが、米国籍のスタンダード・オイル社でした。

このように原油などの資源（工業製品をつくる先進国にとって資源は投入に相当）をタダ同然で手に入れながら、先進国が富を総取りしたというのが「黄金時代」の実態だったのです。

▼一九七〇年代に起きた資本主義の構造変化

しかし、一九七五年にはヴェトナム戦争がアメリカの事実上の敗北によって終結し、西側先進国の「実物投資空間」（地理的・物的空間）の膨張がここでいったん止まります。「地理的・物的空間」の拡大もできず、資源も高騰していくのですから、利潤率は当然低下していきます。つまり先進国の経済成長は頭打ちとなり、国民に手厚い福祉を提供することができなくなったのです。

実際、この時期から福祉国家が崩壊し、規制撤廃、貿易や資本移動の自由化を掲げるアメリカ型の新自由主義が席捲《せっけん》していきます。さらに、新自由主義の思想にもとづいて、アメリカはグローバルな「電子・金融空間」の構築に向かっていきます。これまでの地理的に「より遠く」に行く資本主義から、バーチャルな「電子・金融空間」を「より高速で」移動する資本主義へと大きく構造を変えたのです（図7）。

「電子・金融空間」を新たに創出するために、一九七〇年六月からアメリカでは預金金利の自由化が段階的に進められましたが、一九七八年に市場金利連動型定期預金（ＭＭＣ）が導入されました。それまで金利自由化の対象となっていたのは一〇万ドル以上の大口定期だったのですが、ＭＭＣでは一万ドル以上の預金の金利が自由化されました。

そして冷戦が終結して、ＩＴ（情報技術）などの軍事技術が民間に開放され、インターネット革命がアメリカ主導のグローバリゼーションをさらに加速させ、一九九五年には、国際資本の完全かつ自由な移動がロバート・ルービン財務長官の「強いドルは国益」政策で実現します。世界中のマネーがウォール街のコントロール下に入ったことで、「電子・金融空間」が国境を越えて世界でひとつに統合されたのです。

▼「歴史の危機」においてつねに生ずる「深い割れ目」

一九七〇年代半ばの時点ですでに、資本主義と国民国家の「離婚」は始まり、「ショック・ドクトリン」が先進各国の中産階級を襲い、格差が広がっていきました。

ピケティによれば、アメリカでは、トップ一〇％層（上流階級）の所得が国民所得に占める割合は、第二次世界大戦後から一九七八年までの間、三三％前後で安定していました。

図7　資本主義の構造の変化

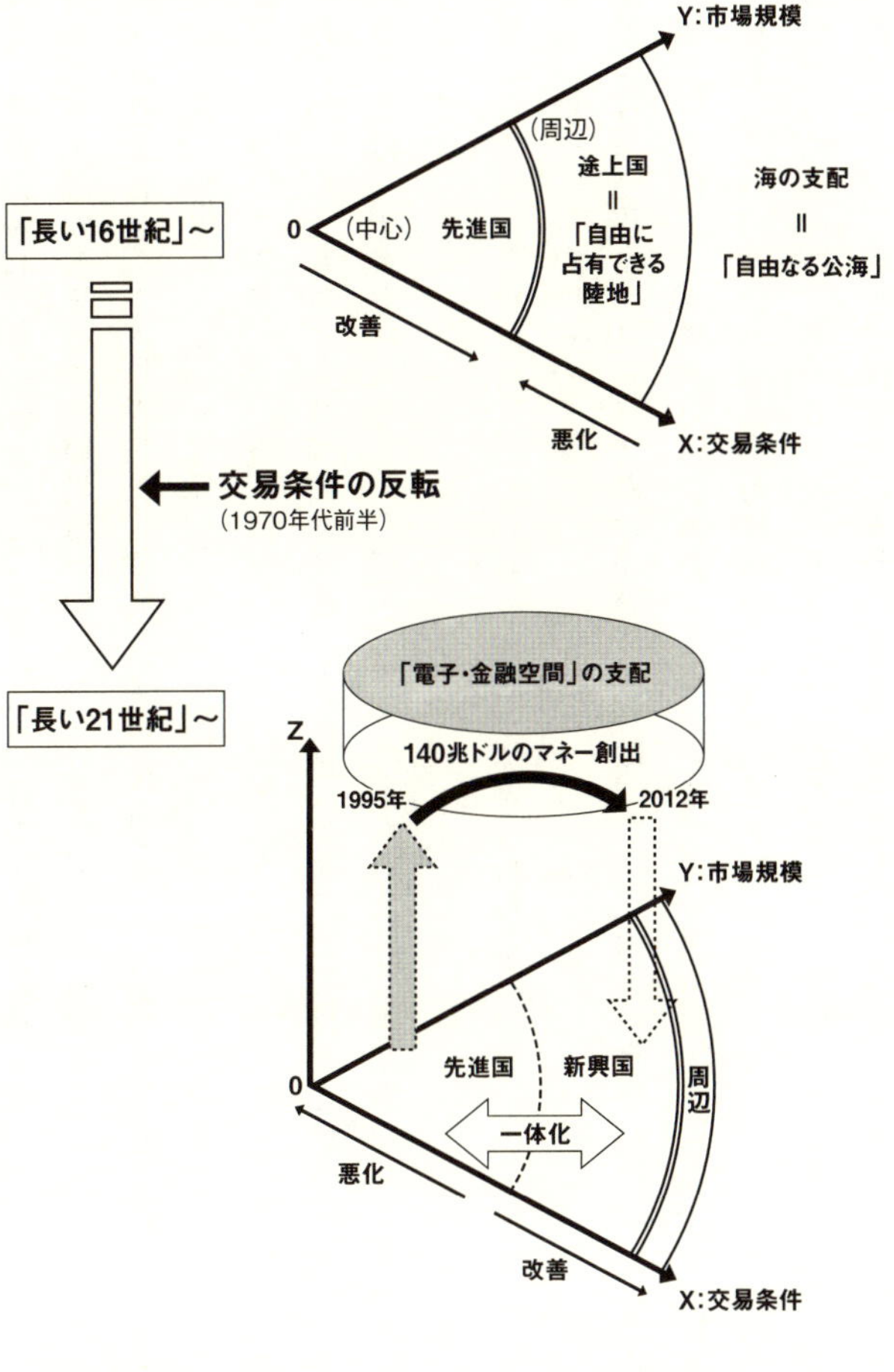

(注)1.交易条件=輸出物価/輸入物価…一製品あたりの粗利益(企業利益と雇用者所得の合計)
2.「自由なる公海」、「自由に占有できる陸地」は、カール・シュミット『大地のノモス』より

しかし、それ以降に上昇に転じ、二〇〇七年には四九・七％に達しました。[*18]

日本でも金融資産を持たない世帯が急増しています。一九八七年には三・三％だった金融資産非保有世帯（二人以上世帯）は二〇一六年には三〇・九％と調査開始以来最高水準です（図8）。働き盛りの四〇歳代の非保有比率が二〇一六年には三五・〇％となり、リーマン・ショック以降、二〇歳代についで上昇幅が大きくなっています。四〇歳代は子育て中の人が多く、もっとも教育にお金がかかる世代です。この世代で格差が広がっているということは、子どもたちのあいだでスタート時点から大きく差がついてしまっているということです。

「歴史の危機」においては、つねに被支配層が大きな打撃を受け、その一方で富（資本）を不当に増やす人がいるのです。

国際NGO団体オックスファムの調査によれば、二〇一六年の世界の富豪上位八人の資産総額は、下位三六億人の財産に匹敵すると言います。一人の能力が、世界の下位五〇％の平均的なそれの四億五〇〇〇万倍あるとは到底説明できません。

仮にそうだと証明できたら、近代の理念は幻想だということになります。近代社会は家柄に関係なく、実力を発揮できるように義務教育を課し、高等教育の普及に努めてきまし

図8　金融資産非保有世帯比率

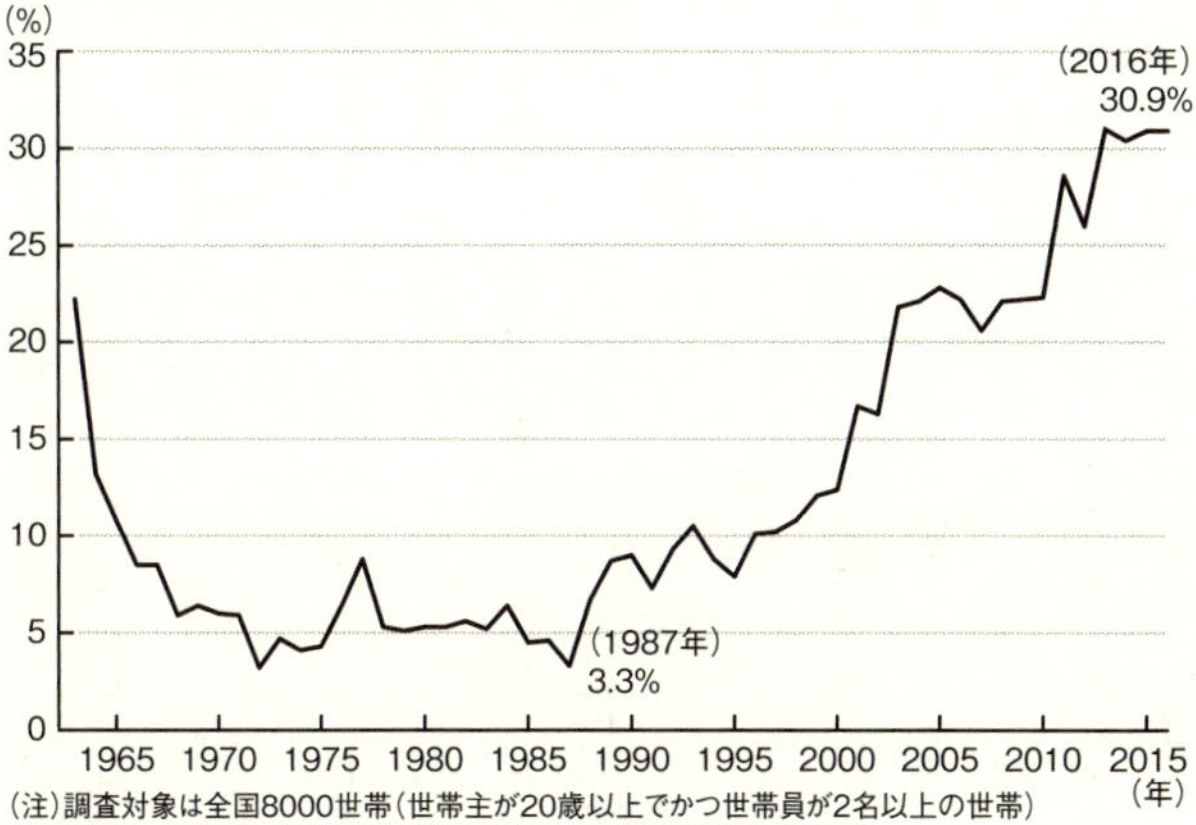

(注)調査対象は全国8000世帯(世帯主が20歳以上でかつ世帯員が2名以上の世帯)
金融広報中央委員会「家計の金融行動に関する世論調査」をもとに作成

た。その結果が、一対四億五〇〇〇万の能力差であるなら、近代の教育制度が大失敗だったという証明になります。

「長い二一世紀」と同じく「歴史の危機」を迎えていた「長い一六世紀」でも、その後半にあたる時期に富の不当な蓄積が顕著でした。

「長い一六世紀」の後半とは、イマニュエル・ウォーラーステインの言う一五五七年[19]から一六五〇年までであり、シュミットの言う一五五〇年から一七一三年に至る「海賊の英雄[20]」時代、すなわちイギリスの資本蓄積が始まった時期とも重なっています。

「長い一六世紀」の後半のイタリアについては、ブローデルが次のように述べています。

一五五〇年から一六〇〇年までの間のイタリ

アで「いかなる疑いの余地もなく、すべては二極化する傾向がある。つまり広大な土地に支えられた強力な名門として再建される、豊かで、たくましい貴族階級と、ますます数が多くなる貧乏人、極貧者、（略）とに二極化する。〈深い割れ目〉が古くからある社会を二つに分け、そこに深い溝を掘る」[*21]。

中世社会における権力の象徴は、土地でした。近代になるとマルクスが指摘したように、資本が権力の象徴となったわけですから、ブローデルの「豊かで、たくましい貴族階級」を「豊かで、貪欲な資本家階級」と置き換えてみれば、「長い一六世紀」に「深い割れ目」が生じたように、「長い二一世紀」の現代でも同じように「割れ目」が生じていることがわかります。

ブローデルは一七世紀について、このようにも記しています。「イギリス、フランス、イタリア、スペイン、イスラム世界で、すべてはこの深刻な出来事にむしばまれている。一七世紀にはこの悲劇の治りようのない傷口が白日のもとに広げられる。社会も国家も、文明も社会も、何もかも、徐々に、悪に襲われる。（略）金持ちが柄が悪くな」[*22]ったと。

どうやら二一世紀の資本家の柄が悪くなっているのは起こるべくして起きていることのようです。「長い一六世紀」に二極化がイスラム世界にまで広がったように、一九七〇年代以降の「長い二一世紀」の二極化も、先進国に限ったことではありません。ピケティも、アングロサクソンの国（英語圏）の所得格差が一九八〇年以降、急速に広がってきているのと同じように「貧しい発展途上経済国でトップ百分位が国民所得に占めるシェアが、おおむね富裕国と同じ」[*23]であると指摘しています。

問題は社会が「深い割れ目」に落ちてしまったとき、どうするかです。

▼利潤追求の企業が社会秩序を乱す

現在、イギリスやアメリカで見られる国民国家への回帰志向は、いわばこの格差拡大のプロセスを反転させようとするものです。おそらくそこで理想視されているのは、資本主義と民主主義が両立できていた一九七〇年代半ばまでの「黄金時代」でしょう。

しかし、世界的な低金利が示唆しているのは「実物投資空間」では、もはや経済成長ができないということなのです。

しかも、資本の反対側には生産力が存在します。生産力が「過剰」になれば、もはや需要を新たに生むことはなく、不良債権が生まれるだけです。一〇年国債利回りがマイナスになったということは、新規投資をすると既存の資産が不良化するというサインなのです。

現代の「過剰」生産能力の典型は、粗鋼生産に見られます。世界の粗鋼生産は二〇一五年には一六・二億tでしたが、OECDの試算によれば、生産能力のほうは二三億t強あり、過剰生産能力が七億tもあると推測できるのです。生産能力の三〇〜三五%にもあたる過剰生産能力の解消には「ひと世代かかる」[*24]（世界鉄鋼協会エダー会長）のです。

「黄金時代」へ回帰するということは「不足の時代」に戻るということなのですが、「過剰」に積み上がった資本を経済的に無にすることは不可能です。

民主主義と資本主義の黄金時代は去っても、「国家という枠組みはまだ残っている」と思う人もいるかもしれません。しかし、それは資本と国家の利害がたまたま一致していたからにすぎません。グローバル資本主義のもとでは、国家は「国民」国家であることを止《や》めて、国民よりも資本を選んだのです。国家はグローバル企業、すなわち資本が活動しやすいように規制緩和や法整備をすることで資本に奉仕すれば、経済成長を実現でき、国民もそれなりに満足すると思っているようです。

イギリスの国際政治学者スーザン・ストレンジ（一九二三〜九八年）は一九九六年の著書で、二人のイギリスの金融ジャーナリスト、マシュウ・ホースマンとアンドリュー・マーシャルの次のような言葉を紹介しています。「巨大超国家企業のトップは現代の君主」[*25]だと。

その巨大超国家企業のなかでも世界一の時価総額を誇るアップル社の株式時価総額は七五三〇億ドルに達しています（二〇一七年三月三一日現在）。株式時価総額は将来の期待利益を含んだ額ですので、国家のＧＤＰと比較して力の差を比べるのは正確ではないのですが、アップルの時価総額は、ＧＤＰ世界第一七位のオランダ、第一八位のトルコを上回るものです。

またストレンジよりも二〇年近く前に、つまり「黄金時代」が終わってすぐの一九七七年にジョン・ケネス・ガルブレイス（一九〇八～二〇〇六年）は次のように書いています。「大企業が市場の操り人形であり、消費者に仕える無力な下僕だという神話は、本当のところ企業の権力を永続させるための策略の一つ」[*26]にすぎず、「企業の権力の世界は、入念に守られた世界」[*27]であると。

国民国家の黄昏《たそがれ》が何を示すかといえば、国家が資本の下僕となり、国民と国家が分離するという状態です。利潤率が低下する現代において、国家をも支配下におきつつある資本が権力を握っているわけですから、国民国家の強化を目指そうとしても、その道は困難をきわめます。

しかもあくなき利潤を求める企業が、安定した社会秩序を乱す存在にまでなってきています。「日本株式会社」である東芝が不正会計をおこない、「ドイツ株式会社」であるフォルクスワーゲン（VW）が不正ソフト問題を起こしました。不正をおこなわなければ、株主の期待する利益が計上できないし、ユーザーの求める低燃費が実現できない。こうした企業の不正が後を絶たない時代になりました。

つまり、利潤を追求する企業が社会の秩序を乱しているのです。

▼成熟化した先進国の景気循環は交易条件と逆相関

しかし、ここで、次のような疑問をもつ方もいるかもしれません。

先進国の交易条件が悪化したこと、すなわち資源価格が高騰したことが、先進国の成長率低下と国民国家の黄昏の原因ならば、二〇一四年以降の原油価格の下落は、先進国の交易条件を改善させ、逆に経済成長を後押しし、国民国家を維持する選択肢を再び可能にするのではないか、と。

産出と投入の比率で計算される交易条件は、あくまで一単位あたりの利潤率（正確には付加価値率）を表すものです。一方、利潤は一単位あたりの利潤率と産出量（需要量）の積で決まってきます。

先進国側から見れば、資源価格が高騰して交易条件が悪化しても、一単位あたりの利潤率の低下を補う以上に工業製品の需要量が増加すれば、利潤を拡大することが可能です。単純化して言えば、資源価格の高騰で仕入れに費用が余計にかかるようになっても、その分を補うだけ日本の自動車や家電が、たくさん国内外で販売できれば、利潤の拡大ができるということです。

ただ、現実には、日本のような先進国では国内の需要量の増加はすでに見込めなくなっており、新興国での需要に期待するしかなくなっています。実際、グローバリゼーションの目的のひとつは、新興国の成長によって需要を増やし、先進国の工業製品の産出量を増やそうというものでした（主目的は「電子・金融空間」の創出）。

ところが、新興国は近代化によって成長するしかないので、先進国の近代化がそうであったように、その経済発展にはエネルギーの大量消費を伴うため、資源価格の上昇圧力となり、先進国側の交易条件の悪化を招くのです。

先進国が成長するために必要な条件は、新興国の成長によって工業製品などの需要量が増え、先進国の交易条件の悪化を相殺するほど、トータルの産出量が増加することです（ケース①）。

一方、新興国の成長は、生活水準の向上に不可欠な一人あたりのエネルギー消費量の増大を伴うので、新興国の成長が鈍化すると資源価格が下落し、先進国の交易条件は改善することになります。しかし、この場合、先進国にとって工業製品などの輸出が減り、トータルの産出量は減少してしまいます（ケース②）。

そこで、アジア危機の直後、中国が世界の工場となり、新興国の台頭が顕著となった一九九八年度以降の交易条件と産出量の関係を見てみましょう。

図9にあるように、日本の交易条件は、二〇一三年度を底に二〇一四年度から三年連続で改善しています。二〇一四年の夏以降、サウジアラビアが原油の減産をしない方針を打ち出し、それまで一バレルあたり一〇〇ドル以上していた原油（WTI）価格が急落したからです。二〇〇二年度以降、趨勢的に悪化していた交易条件に歯止めがかかったのです。しかし、二〇一二年三月に「山」をつけ、同年一一月に「谷」をつけるまで日本経済は八ヵ月間、景気後退となりました。

これ以降の景気循環日付は確定していないため、景気の良し悪しを判断するには、鉱工業生産指数の前月比（前期比）が最適な指標ですが、これを見ると、二〇一四年一～三月期にピークをつけて以来、一進一退ながらも低下傾向にあります。[*28] さらに深刻なことに、

図9　交易条件の推移

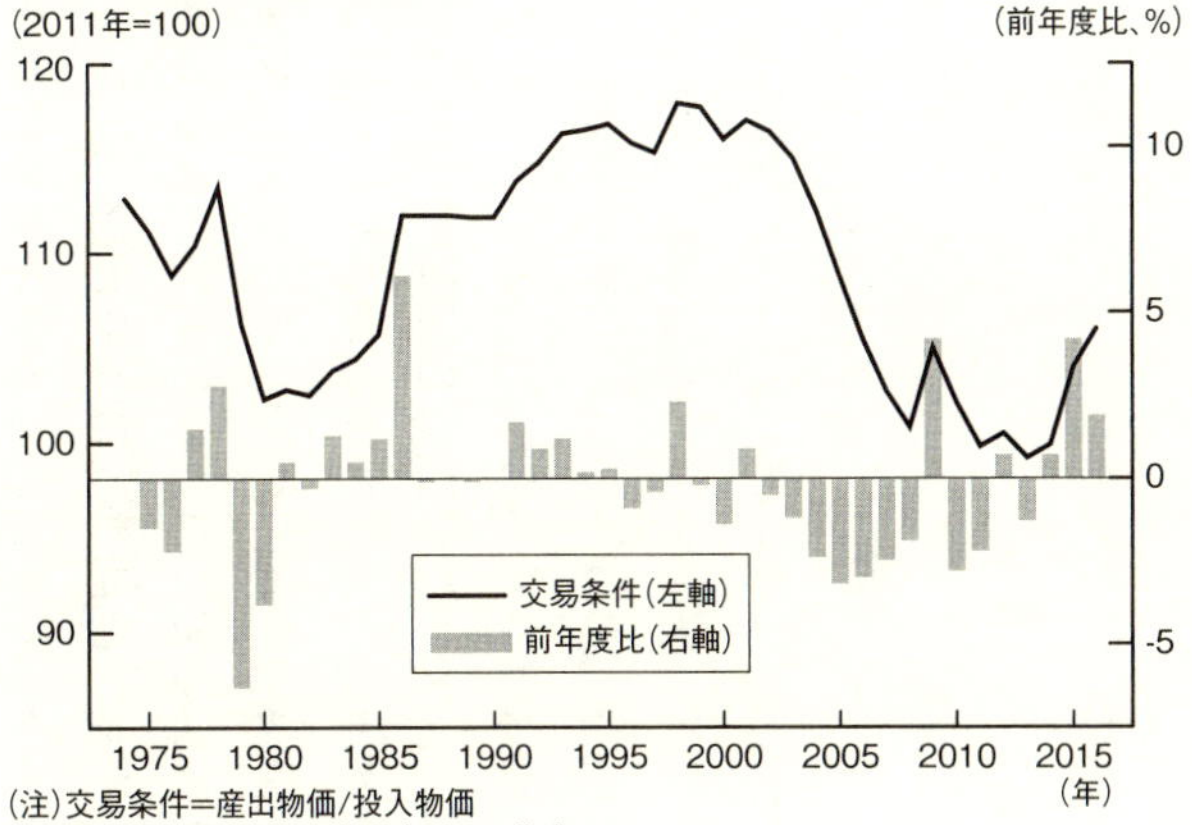

(注)交易条件＝産出物価/投入物価
日本銀行「投入・産出物価指数」をもとに作成

戦後最高だった二〇〇八年一～三月の生産水準から、二〇一六年一〇～一二月期は、一四・七％も下回っています。

交易条件が改善している近年の日本経済は、景気が悪いのです。

交易条件の改善の背後には、世界経済の低迷（＝資源価格の低迷）があります。成熟化した先進国の景気は、輸出に左右されやすくなっているので、輸出減が先進国の景気後退（＝生産減）を招いているのです。

図10は、一九九八年～二〇一六年の日本の交易条件と産出量の前年比をプロットし、相関関係を調べたものです。これを見ると、日本では一九九八年以降、交易条件の悪化が景気拡大をもたらし（ケース①）、交易条件の改

善が景気後退をもたらしている（ケース②）ことがわかります。

しかし、同じように、一九七五年から一九九七年までの期間で、交易条件と生産量の関係をみると、両者にまったく相関関係がありません。[*29] 当時は、先進国の景気は先進国の国内事情で決まっていたからです。実際、一九八〇年代後半に見られたように生産増で交易条件改善という組み合わせも存在したのです。

ところが新興国の台頭した一九九八年以降、生産量の増減は先進国の国内事情で決まるのではなく、海外経済の景気情勢で決まる構造になったのです。日本のような先進国では潜在成長率が低下しているため、内需は大して変動しなくなったからです。

つまり、海外情勢で決まる先進国の交易条件（＝1／新興国の交易条件）が、先進国の生産量を決めるようになります。「実物投資空間」が閉じてしまった日本のような先進国においては交易条件が悪化するとき、景気がいいということになっているのです。

海外景気に引っ張られて、国内の景気が拡大（＝生産が拡大）しても、交易条件の悪化が伴っているため、所得（ＧＤＩ）の増加率は、生産（ＧＤＰ）の増加率より鈍くなります。[*30] 所得の減少は、タイムラグを伴って内需を低迷させ、輸出に依存する傾向を強めることになるのです。

図10 交易条件と産出量の関係

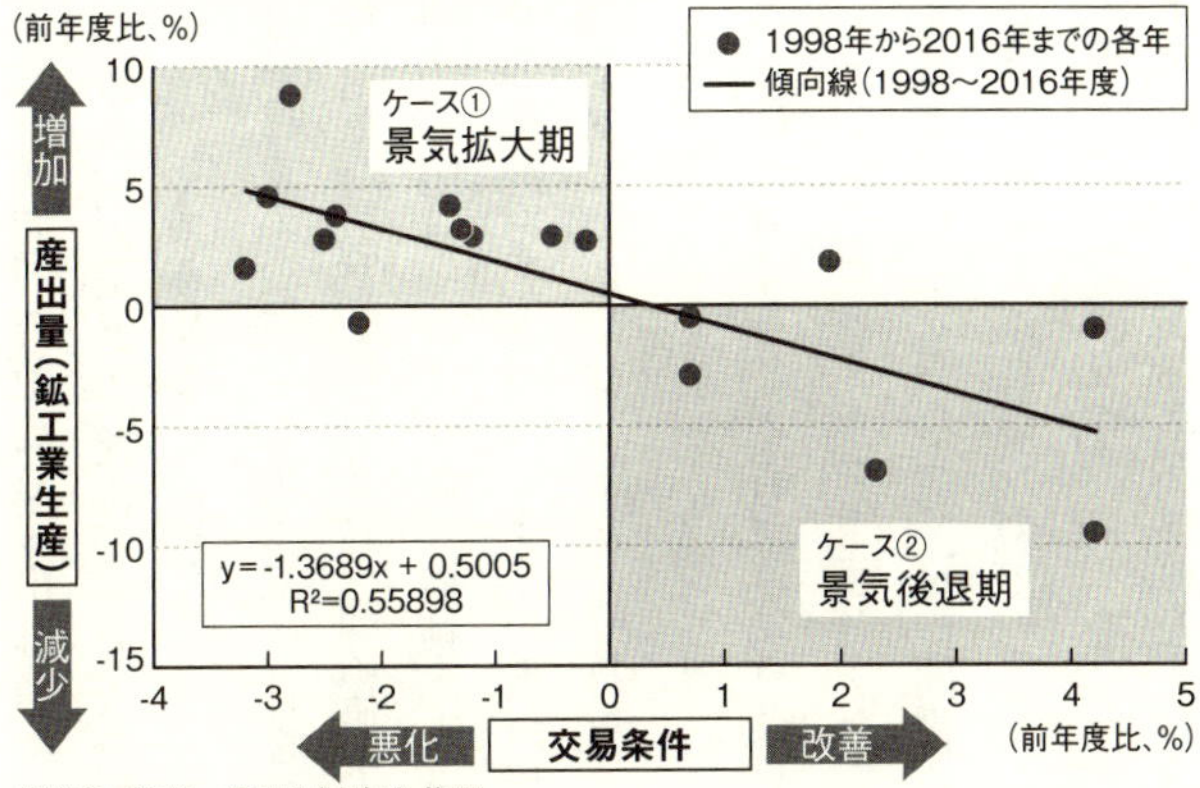

(注)交易条件＝産出物価/投入物価
日本銀行「投入・産出物価指数」、経済産業省「生産・出荷・在庫・在庫率指数」をもとに作成

▼交易条件改善戦略の重要性

このように交易条件の改善と生産数量の減少の組み合わせは、日本以外のOECD諸国などでも共通のものでしょうか。資源生産国では日本のような工業国と全く逆の組み合わせとなります。

図11は、工業国、資源生産国を合わせたOECD諸国などでの成長率と交易条件の関係を見たものです。横軸は、二〇〇三年を基準にした一〇年間の交易条件の増減率で、縦軸は同じ一〇年間の実質GDP成長率の平均値です。交易条件を大きく改善させているロシア、チリ、オーストラリアなどの資源国で、成長率が高くなっているのがわかります。二

〇一三年までの資源高で産出価格が上昇し（交易条件の改善＝一製品あたりの付加価値率が上昇）、新興国市場の活性化で資源販売数量も増加したためです。

一方、資源輸入国・工業国では、交易条件が著しく悪化し、成長率が低くなっています。とりわけ日本は三一％も交易条件を悪化させました。資源高による仕入れ高（＝交易条件悪化）で、一製品あたりの付加価値率が圧縮され、実質ＧＤＰが抑制されたのです。

図10と図11はいずれも、横軸に交易条件（変化率）をとって、縦軸に生産ないし実質ＧＤＰの増減率をとっています。それにもかかわらず、両者の関係を示す傾向線は、日本の傾向を見た図10では右下がり（負の関係）、ＯＥＣＤ諸国などの傾向を見た図11では右上がり（正の関係）となっています。

これは一見すると矛盾するように見えますが、そうではありません。

ロシア、チリ、オーストラリアといった資源国に関して各々、日本の図10と同じ図を作成すると、日本と異なって正の関係（右上がりの傾向線）が見られます。しかも、二〇〇〇年以降、資源高が続いたので、これら三ヵ国の場合、第一象限（時計の針でいえば一二時から三時の間・交易条件改善＋景気拡大の組み合わせ）に多くのデータが存在します。

各国別で見た成長率と交易条件の間の関係が正となるか負となるかは、資源が投入にな

図11　交易条件と実質GDP成長率の関係

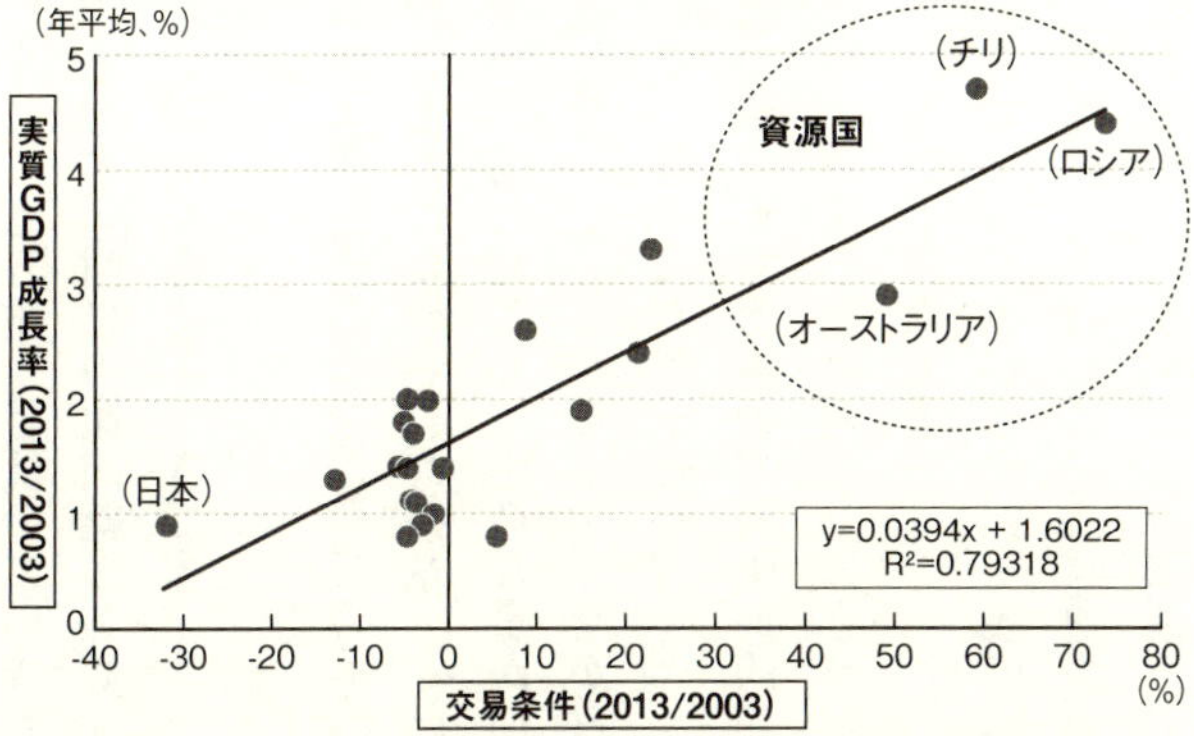

（注）OECD加盟国のうち18ヵ国（東欧諸国やイタリア、ギリシャなど金融危機にある国を除く）とロシア、南アフリカの計20ヵ国、およびEUとOECD平均の二つを加えた22個のデータで作成
OECD "National Accounts at a Glance 2015" "Economic Outlook 2016" をもとに作成

るのか、産出に該当するのかで決まってきます。資源生産国においては、資源に対する需要の増加（＝生産数量の増大）と生産価格の高騰（＝交易条件を計算する場合、資源価格が分子となるため、交易条件は改善）の両方の効果で景気が良くなります。

資源高による仕入れコストの増加（＝交易条件悪化）で、一製品あたりの付加価値率が圧縮され実質ＧＤＰが抑制される日本などの工業国は、図11では左下（実質成長率が低い）に位置する一方で、資源生産国は資源高で産出価格が上昇し（交易条件の改善＝一製品あたりの付加価値率が上昇）、資源販売数量も増加するので、図11では右上（実質成長率が高い）に位置するのです。

どうしても日本が目標の二%成長を実現したいのであれば、交易条件改善戦略を打ち出すことです。図11の傾向線のy切片が一・六なので、まずは資源価格に交易条件が左右されない戦略を考えるべきです。

▼資本主義と民主主義を結合させた「セイの法則」

ここまでの考察で明らかなように、日本がなぜ成長できないのかといえば、「実物投資空間」が閉じたことで生産数量が伸びなくなったうえに、新興国の台頭による交易条件の悪化を受けているからです。だからといって、交易条件改善で成長しても、すべてがうまくいくわけではありません。

この数十年で資本の力が圧倒的に強くなったこの状態を放置しておけば、ますます雇用者所得は減少し続けることになり、世界中で二極化や分断が拡大し、民主主義の基盤が破壊されることになります。

そこで、資本主義と民主主義の関係に話を戻し、歴史的に考察してみましょう。資本主義と民主主義を結合させる経済理論が、一九世紀初頭に生まれました。「供給自らが需要をつくる」という「セイの法則」です。

「セイの法則」とは、フランスの経済学者ジャン＝バティスト・セイ（一七六七〜一八三二年）によって打ち立てられた古典派経済学の中心的命題です。単純化すれば、モノをつくれば、つくった分だけ売れるという理論です。モノをつくって売ることで、人は所得を得る。その所得は、モノに向けられるから、生産額と所得は等しくなるというわけです。これはちょうど一九世紀に入って「鉄道と運河の時代」が到来し、「実物投資空間」は無限大であると多くの人が確信したときに生まれた命題なのです。

新古典派経済学の基本的な発想ともなった「セイの法則」を、文字通りに受け取れば、過剰供給や失業などありえません。

「セイの法則」が成立するには、価格の伸縮性と、空間の無限性という前提が必要です。つくったものが必ず売れるには、つねに市場が膨張する必要がありますが、市場の膨張が可能な時代は終わりました。

しかし、フロンティアが消滅し、市場が有限であると判明したゼロ金利の時代には、「セイの法則」は無効です。空間が「閉じれば」、より多くのモノをつくる（＝成長を求める）ということは、将来の不良債権を生んでいることにほかならないのです。

にもかかわらず、今なお、主流派経済学は「セイの法則」を信奉し、貨幣を供給すればインフレが起きて需要が伸びると確信し、政府も成長戦略を、何度失敗しても繰り返すという過ちをおこなっています。

「セイの法則」が生まれた時代背景を考えれば、セイの法則が成立する条件がわかります。この時代に資本主義と民主主義、そして動力革命（産業革命）が一体化しました。フランス革命を経て市民社会の時代になり、民主主義が採用されたことで、全員が欲望を追い求めることが可能となったのです。

民主国家を維持していくには、市民（国民）の欲望に応えるだけの生産力が決定的に重要です。生産力が高ければ、多くの国民が豊かな生活を享受でき、市民社会の秩序が安定する。そして、人口も増加します。

さらに二〇世紀になると、戦争は国家総動員体制となり、戦争の帰趨を決めるのも国家の生産力だと判明しました。

▼一八世紀の動力革命が民主主義を成功させた

帝国の時代やローマ・キリスト教社会であれば、上位数％の上流階級の欲望を満たすだけで事足りました。しかし、民主主義社会においては、かつては王侯貴族しか食べられなかった珍味が誰でも食べられる「自由」や「平等」がある。生産を増やせば、その分だけ売れるという「信仰」が強化されるわけです。

逆に言えば、十分な生産力のない社会で、民主主義を成り立たせることは極めて困難です。

十分なモノを人々に行き渡らせるという民主主義からの要請に応えたものが、一八世紀後半から一九世紀前半にかけての「動力革命」でした。

経済の生産力が飛躍的に高まった一八世紀末の産業革命の本質は動力革命です。それまで人力や家畜の生み出すエネルギー（筋肉エネルギー）に頼っていた人間は、産業革命で機械を発明し、その機械を化石燃料（非動物性エネルギー）を使って動かすことでそれまでの動力とは非連続的なパワーを得ました。

一九世紀半ば以降の「鉄道と運河」の時代とは、非動物性エネルギーを手にして「より遠く、より速く」を機械で実現させた時代にほかなりません。牛や馬で貨物を移動させていたそれまでと比べれば、無から有を生み出したのも同然です。

実際、年間一人あたりエネルギーの消費量と一人あたりの所得（一人あたり生産力）を紀元前一〇〇〇年から現在まで比較すると、驚くばかりの「非連続性」と「類似性」が見られます（図12）。

西側諸国の一人あたり一日のエネルギー消費量は西暦一八〇〇年から二〇〇〇年の間、年〇・九％で増加しました（図13）。一方、紀元一年から一八〇〇年まではわずか〇・〇一一％のペースでしか増えていません。紀元前一万四〇〇〇年から紀元一八〇〇年で計算しても同じです（年〇・〇一四％増[*31]）。

明らかに両者とも一八〇〇年で「非連続性」が見られるという点で「類似」しているのです。一八〇〇年以降、エネルギー消費量の「非連続的」増加に追従するように一人あたり所得が増加していることがわかります（七〇頁・BOX1参照）。

したがって、一九～二〇世紀の成長はひとえに動力革命のおかげだと言えるでしょう。二〇世紀のテクノロジーは非動物性エネルギーをどう利用するか、具体的にはいかに効率的に、「より遠く、より速く」へ行くか、その競争だったと言っても過言ではありません。

動力革命の本質は、一八一〇年の「ニューヨーク・ミラー」紙の論説委員が書いた「蒸気はわれわれをどこへ導くのだろう?」という記事に端的に表れています。


これまで人間は、牡蠣や樹木と同じように、ひとつの場所に縛りつけられてきた。

図12　一人あたりの所得の推移

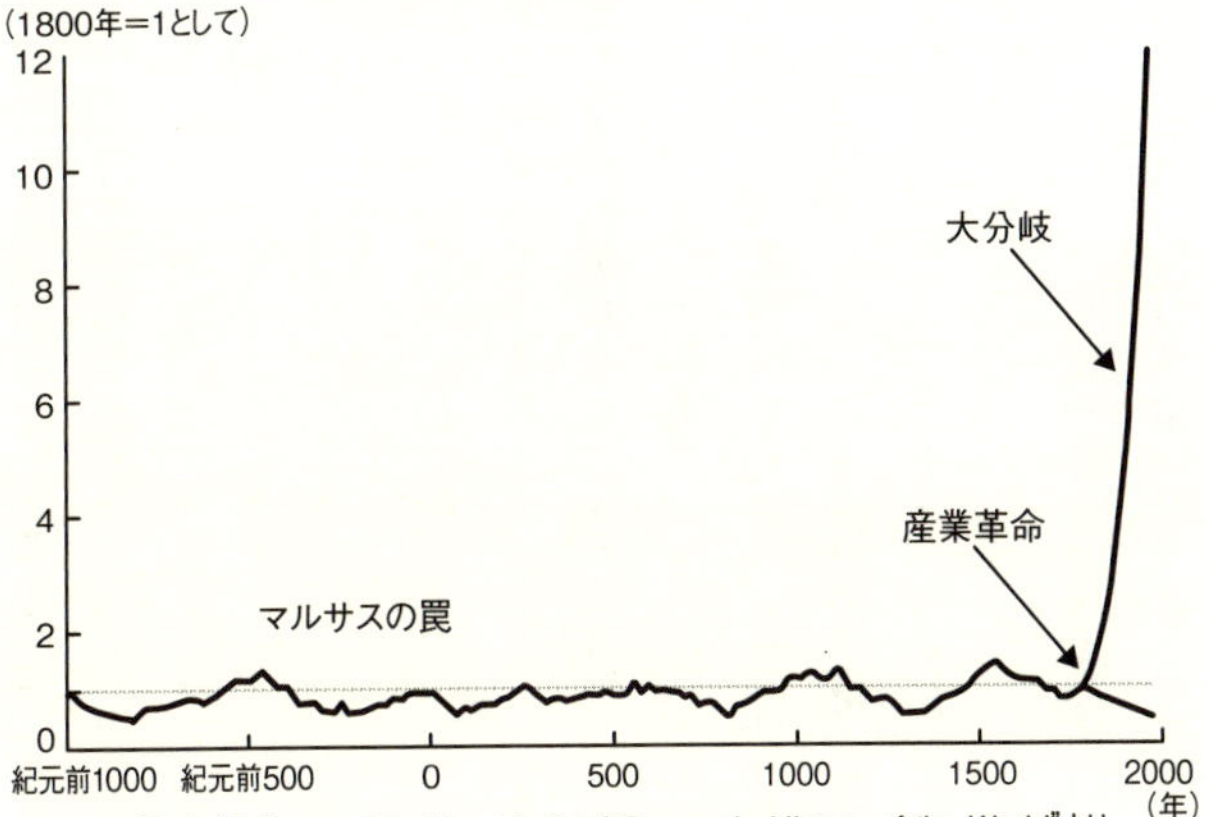

Gregory Clark "A Farewell to Alms: A Brief Economic History of the World"より

図13　一人あたり一日のエネルギー消費量の推移

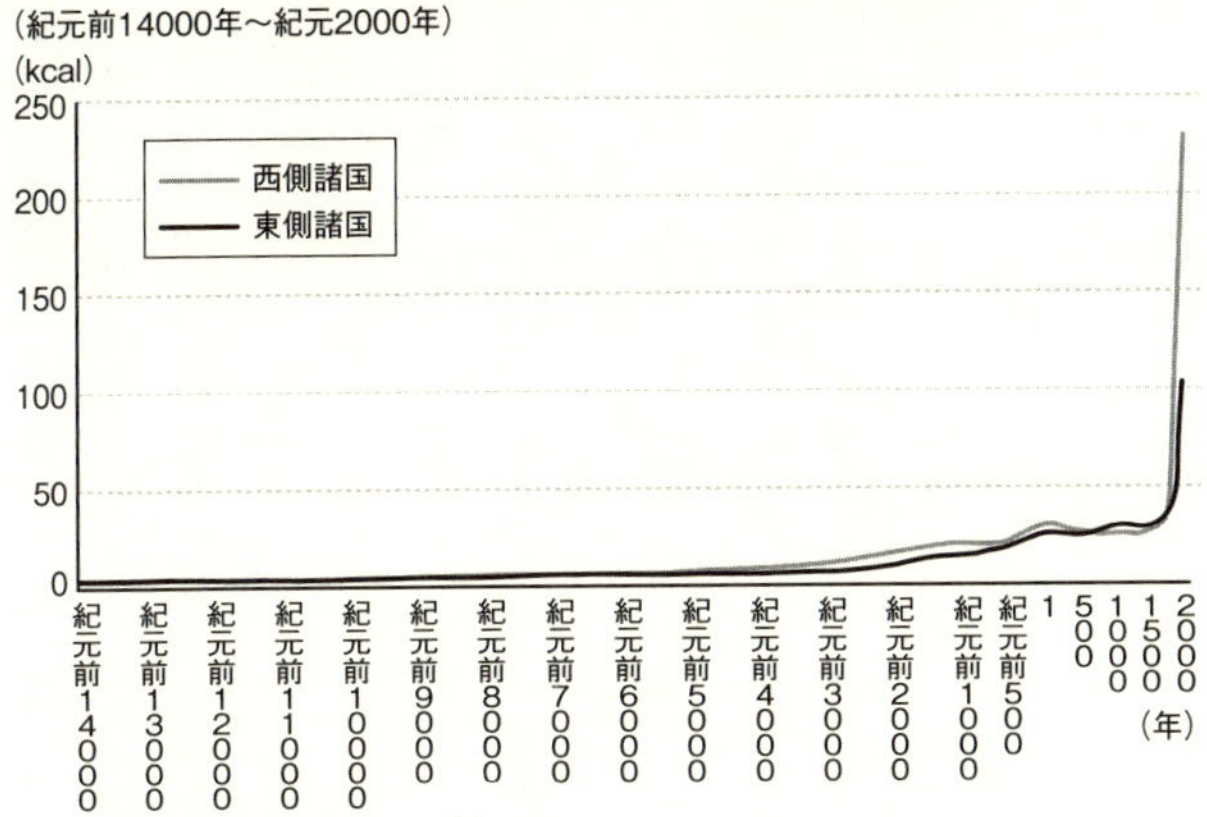

Ian Morris "Social Development"より

……（蒸気は）これまでのどんな変化よりも驚異的な水準で、人類の環境を変える。……蒸気とは結合なのだ。蒸気は知性を結びつける。……地球を小さくしてしまうだろう。人類は、ひとつの人種、ひとつの国家、ひとつの知性、ひとつの心となるだろう。*32

一九世紀の論説委員が興奮して言う「蒸気」を二一世紀の「ＩＴ」に変えても、なんら違和感がありません。すなわち、二一世紀のＩＴ革命に期待をもつということは一九世紀の動力革命の延長線上にあるということです。

「地球はひとつ」路線の始まりは、動力革命以前の一三世紀の「東方貿易」にまでさかのぼります。東方貿易をおこなった商人たちは、一〇八八年にイタリアのボローニャ大学を設立するなどして、地中海世界以外の情報を積極的に取り入れようとしました。つまり、「蒸気」が結合であるように、未知なる土地への知識欲がヨーロッパとインドを「結合」させたのです。

続いて、一五世紀末の「印刷革命」が「地中海世界」を北部ヨーロッパと「結合」させ、一九世紀の「動力革命」が、ヨーロッパ大陸と「新大陸」である南北アメリカを結合させ、ついに二〇世紀末のＩＴ革命では全地球を覆いつくしました。印刷も、動力も、ＩＴもすべて「より遠く、より速く」の一直線上にある技術なのです。

しかし、一九七〇年代半ばの段階で、すでに動力革命の果たす役割は終わっていました。地球上からフロンティアが消滅すれば、どれだけ世界を「結合」しても、経済成長は起こりえません。ＩＴも同様です。もちろん、ＩＴは情報伝達という面では、国境を無化する力がありましたが、すでに「地球はひとつ」に到達してしまっている以上、ＩＴ革命では実物経済の成長を起こすことはできないのです。

現在、成長戦略の期待を一身に担うのが、イノベーションです。工場をインターネットでつなげるＩｏＴ、ビッグデータの活用、ＡＩ（人工知能）の活用などが、「第四次産業革命」と呼ばれています。

しかし、第一次産業革命の、機械をエネルギーで動かす「動力革命」がすべてであって、その後の第二次（電気）、第三次（ＩＴ）も第四次もエネルギーによる「結合」という点で変わりはありません。四つの革命に分けて呼称していること自体、一八世紀初頭の動力革命における「蒸気」の本質を理解していないことを証明しているのです。

別々の企業に属するバラバラであった工場をつなぐＩｏＴも、単体であった人間の頭脳をつなげるＡＩも、蒸気が「結合」したことと本質的には同じです。その「結合」のために、大量のコンピューターが動員され、大量のエネルギーが消費されることになります。エネルギー多消費は、日本のような工業国の交易条件をますます悪化させ、図11で示したように低成長を強いることになります。

エネルギー多消費は二一世紀の時代にもっとももしてはならないことのはずですが、目先の成長に目がくらんでいるのです。

▼「技術進歩教」という信仰

一七世紀の科学革命で生まれた「合理性」と、一八世紀後半から一九世紀の「動力革命」によって実現した「より遠く、より速く」を合わせた「より遠く、より速く、より合理的に」という理念こそが近代資本主義の本質です。その意味では、産業革命＝動力革命によって、近代資本主義は成長のための三条件を手にしたと言えるでしょう。

それはまた、シュミットの言う「技術進歩教」の始まりでもありました。

一九世紀において、技術の驚異的進歩は社会的・経済的状況を急激に変化せしめ、倫理・政治・社会・経済のあらゆる問題はこの技術の発達の支配をうけた。相つぐ驚異的な発明・応用は、民心に対して巨大な暗示力をもち、ここから他の諸問題はすべて技術の進歩によっておのずから解決すると信ずる、技術進歩教ともいうべき宗教が誕生した。[*33]

シュミットの言う「技術進歩教」とは、それ以前の「進歩」の概念とは異なります。というのも、一七世紀や一八世紀の「進歩」は技術の進歩を意味していたわけではなく、「なによりも啓蒙・教養・自律・教育・道徳的完成を意味した」[*34]からです。

しかし、動力革命を経て、生産力が飛躍的に高まったことで、一九世紀と二〇世紀は、経済と技術が時代の中心的な関心になっていきました。ここで初めて、進歩の概念は、経済や技術と結びつくようになります。

シュミットは、二〇世紀を「技術の時代」と呼んでいますが、それは社会に噴出するさまざまな問題が「技術」に還元されて語られるからです。したがって、およそ社会のあらゆる問題は技術によって解決できると考えるのが「技術進歩教」であり、その信仰は現代に至るまで変わることはありません。

そして「技術進歩教」が経済と結びつくことで「成長教」が生まれたのです。近代は「成長がすべてを解決する」時代となることで、先進国の人々を熱狂的な「成長教」信者に変えました。

▼「技術の魔術性」をあらわにしたリーマン・ショックと福島原発事故

技術進歩で現在の長期停滞を打破できると考えている人は、このような信仰をもっています。技術を駆使して「より遠く、より速く」行動することで空間を広げることが可能である。あるいは、「より合理的に」、すなわちよりコストを切り詰めて、売上や付加価値を増やすことができる、と。

前者は「電子・金融空間」における高頻度取引（HFT）に象徴され、後者はビッグデータ化やIoTや、最終的にはAIに見られるように人の頭脳を無用のものとしかねません。

ですから、二〇〇八年のリーマン・ショックや二〇一一年の福島第一原発事故が金融工学や原子力工学の魔術性・宗教性をあらわにしたように、この宗教性を自覚することなしには、近代資本主義を終わらせることなど、望めません。

つまり、「技術の魔術性」こそが、近代資本主義の最後の砦だということです。というのも、「成長教」の信奉者が、最後にすがるのが「技術革新」だからです。

大多数の日本人は、日本が低成長の時代から抜け出せないことをうすうす認めているはずです。日本はすでに人口減少社会に突入しているのですから、実質GDPの成長率を指標にすること自体、時代錯誤の価値観です。

「成長教」の信奉者の代表格である日本銀行ですら、二〇一六年九月二一日「『量的・質的金融緩和』導入以降の経済・物価動向と政策効果についての総括的な検証」を公表し、原油価格の下落、消費税の引き上げ、新興国経済の停滞など外的理由で目標が未達となったと説明しました。原油価格が上昇すれば国民生活は苦しくなるのに、この「検証」で日銀は国民生活よりも消費者物価上昇率二％達成を優先していることが明らかになりました。

日銀の説明は事実上、異次元金融緩和の敗北を認め、年間八〇兆円の量的金融緩和からの撤退を模索し始めたことを示しています。すなわち、「あらゆるインフレ（デフレ）は貨幣現象だ」とのフリードマンの命題を信じて、就任以来、黒田東彦《はるひこ》日銀総裁が三年半にわたっておこなった壮大な実験の敗北宣言だったのです。

しかし、それに比べると、テクノロジーへの信仰は今なお根強く、衰えを見せていません。それはテクノロジーに「神頼み」しないかぎり、二％の経済成長さえも達成できないと考えているからです。実際、二一世紀の日本の成長戦略はいつもイノベーション頼みです。

しかし、イノベーションの時代はとうに過ぎています。アメリカの経済学者タイラー・コーエンは『大停滞』のなかで、一九五五年前後からイノベーションが減速したことが、先進国の成長が鈍化している最大の理由だと指摘しています。

コーエンによれば、「人口当たりのイノベーション件数は一八七三年を境に減少に転じている。これは、電気と自動車の時代への移行が始まった時期とほぼ一致する」[*35]のですから、「私たちは過去の遺産を食いつぶしてきた」[*36]ことになります。

イノベーションを成長戦略の柱に据えても一向に成功しないのは、「技術」が政治によって「より遠く、より速く、より合理的に」に貢献するよう求められているからです。「貨幣さえ増やせばインフレ」教がそうであったように、イノベーションによって経済成長さえすればデフレや財政赤字が解決できると考えるのは、市場が無限に拡大する、すなわち「つくれば売れる」という「セイの法則」の呪縛にとらわれているからです。

せん。この条件を忘れて、成長を追い求めれば、そのツケは民主主義の破壊となって現れます。

▼民主主義か資本主義かの二者択一

「セイの法則」が成立しない現代において、資本主義と民主主義が結合することはありません。この条件を忘れて、成長を追い求めれば、そのツケは民主主義の破壊となって現れます。

近代資本主義の技術進歩教を崇拝するかぎり、グローバリゼーションも、イノベーションも、つまるところ「より遠く、より速く、より合理的に」を加速させることに帰着します。瞬時にモノやサービスを買うことができる。遠方の労働力を利用できる。機械のように合理的に労働者を管理できる。

ドイツの経済学者ヴォルフガング・シュトレークが言うように、資本の側の「市場の民」[*37]が、こうしたグローバリゼーションとイノベーションで利潤を上げられるのは、彼らが「より遠く、より速く、より合理的に」行動できる仕組みを自らつくり、それを手にしたからです。その一方、生活する土地を容易に離れることのできない、大多数の「国家の民」[*38]は、「市場の民」に酷使され、低賃金で働くことを余儀なくされます。

このように国家のなかで、「国家の民」と「市場の民」が分断されてしまった今、民主主義が機能するはずがありません。

しかも、民主主義の機能不全は、「資本主義の終焉」の帰結なのです。民主主義を維持し、機能させるためには、先進国は、一九七〇年代で資本主義を終わらせるべきでした。民主主義になぞらえて、「資本主義は最悪の制度だ。ただし、これまでに存在したすべての経済システムを除いては」とよく言われますが、資本主義が本来有する性質（無限の資本増殖）自体が民主主義を崩壊させようとしているのですから、そんな悠長なことは言っていられません。「民主主義をとるのか、資本主義をとるのか」の二者択一なのです。民主主義には高邁《こうまい》な理念がありますが、資本主義にはそれがありません。資本主義にあるのは、無限の権力獲得です。

そうした状況下で、資本主義も民主主義も最悪だが、他に選択肢がないからといってだましだまし付き合っていけば、理念のないほうが、あるほうを駆逐するのは目に見えています。「悪」が駆逐するのはなにも貨幣だけに限ったことではないのです。

▼世界秩序の崩壊と「例外状況」の時代

さらに言えば、資本主義を早くに終わらせることができなかったツケは、世界秩序の崩壊となって支払われることになりました。

一九七〇年代にセブン・メジャーズによる石油支配が終わったことによって「地理的・物的空間」が縮小に転じました。そこで近代を終わらせ、新たな時代への準備に着手すればよいはずだったのに、アメリカは新たな「空間」をつくり始めてしまった。「電子・金融空間」で「世界の富がウォール街に蒐まる」システムが一九九〇年代半ばに完成し、アメリカ金融帝国が出現したわけです。

新興国の側から見れば、一九七〇年代までは不当に資源を略奪されていたことになります。当時起こった資源ナショナリズムは、その「不等価交換」を正そうとするものでした。にもかかわらず、その動きを無視し、先進国は強欲な「蒐集」を続けたのですから、必ずしっぺ返しを受けることになります。

それが二〇〇一年九月一一日のアメリカ同時多発テロとなって表れました。テロリストがウォール街の象徴であるワールド・トレード・センター・ビルを攻撃したのは、富の過剰なまでの「蒐集」に対する抗議だったと解釈できます。そこからブッシュ大統領のイラク戦争、そしてIS（いわゆるイスラム国）の誕生まで一直線でした。

フランシス・フクヤマは一九九一年のソビエト連邦の崩壊をもって「歴史の終わり」だと宣言したのですが、なにも歴史は「イデオロギー闘争」だけではなかったことがその後の三〇年で証明されました。

リベラルな民主主義が「人類のイデオロギー上の進歩の終点」で、「人類の統治の最終の形」[*39]であるのだから、進歩を争う歴史もそこで止まるだろうという彼の主張は夢物語にすぎなかったのです。

おそらくフクヤマは、近代資本主義の「資本の無限性」を見逃してしまったのでしょう。強欲な資本主義は、リベラルな民主主義の土台となる「平等」を、そして「自由」さえも破壊します。機会平等で競争した両親が運悪く敗者となれば、その子どもの「自由」は奪われてしまうからです。

あくなき富の「蒐集」がフクヤマの「歴史の終わり」宣言を打ち砕きました。二〇世紀がエネルギーの蒐集をめぐる「戦争の時代」であったとすれば、二一世紀は近代合理性を受け入れない人たちによる「テロの時代」に突入したのです。

テロの時代とは、何か。シュミットの言葉を借りれば、「例外状況」の時代です。武力攻撃が、いつなんどきでも日常の生活に入り込んでくる異常で例外的な状況が続き、こうなると、「何が正常なのか」がわからなくなる。

このような「何が正常なのか」がわからないような例外的な状況が続くと、誰かが「正常とは何か」を決めなくてはならない。それを決断するのが「主権者」であるとシュミットは言います。そして、例外的な状況でこそ、物事の本質があらわになるというのが、シュミットの考えです。[*40]

資本主義もまた同様に、「例外状況」に突入したことで、物事の本質が逆にあらわになってきました。それはつまり、長期にわたるゼロ金利と、極端なまでの「電子・金融空間」の膨張です。ゼロ金利は「実物投資空間」では資本を増殖させることができないことの表明なので、資本主義の本質である「ショック・ドクトリン」が大手を振って登場してきたのです。

テロリズムとゼロ金利――。第二章ではこのふたつの「例外状況」を考えながら、一九七五年の「資本主義の終焉」の始まりで幕を開けた「長い二一世紀」に何が起きているのかを述べたいと思います。

| BOX1 |

労働生産性と一人あたりエネルギー消費量の関係について

労働生産性を上げるためにエネルギーを大量に使うということは、経済学でよく使う生産関数を使って説明できます。生産関数は生産要素である資本（K）と労働量（L）を投入してどれだけ産出物（Y）を得るかを定式化したものです。通常、

Y=A・F（K,L）（1）

と表します。（1）式の両辺をLで割ると、

Y/L＝A・F（K/L,1）（2）

Y/Lは労働生産性ですが、労働参加率（α）は長期には一定と仮定すれば、Y/Lにαをかけたものが、一人あたり実質所得（y）になります。（2）式を変形すると、

y＝α・F（K/L,1）（3）

となります。

一人あたり所得（一人あたり生産力）は、K/1（＝一人あたり資本装備率）と比例関係にあります。前のふたつのグラフ（57頁・図12、13）を重ねれば、一人あたり所得が一人あたりエネルギー消費量と比例していることから、（3）式のyはエネルギー消費量次第ということになります。

機械を動かすにはエネルギーが必要であり、エネルギーを供給しないと機械はただのゴミだということです。

空間が無限であるという認識が生まれた近代以降の歴史のなか、超低金利を経験した四ヵ国のうち、日本以外のオランダとイギリス、アメリカはセブン・メジャーズの国籍と一致しているのです。超低金利国＝「資本（K）が豊富な国」ですから、豊富な資本を動かすには無尽蔵にエネルギーをしかも安価で提供する仕組みが不可欠だったのです。

第二章　例外状況の日常化と近代の逆説

▼平時の金利はおよそ二～五％

日本のゼロ金利は、人類の五〇〇〇年にわたる「金利の歴史」のなかでも特筆すべき異様な出来事、「例外状況」です。それ以前の超低金利といえば、先述したように、「長い一六世紀」のイタリア・ジェノヴァでの超低金利にまでさかのぼりますが、その際の「例外状況」は、ローマ・キリスト教が支配する中世のシステムの限界を露呈させました。

中世のシステムとは、宇宙で言えば「コスモス」（＝整然とした秩序）を意味するキリスト教的宇宙論、時間で言えば終わりをあらかじめ決めていた終末論、空間で言えば東西をイスラム教徒によって塞がれた閉じた地理的空間に依拠したものでした（第五章参照）。

つまり、中世社会は「閉じた空間と時間」のなかで秩序を維持していたのです。

しかし、「長い一六世紀」の間に異変が起こります。一五世紀には減少していた西欧の人口が一六～一七世紀の間に増加に転じ、かつイタリアでは優良な投資先が消滅してしまいました。[*1]

その際、対内的には、教会は大寺院・大聖堂[*2]を建造することで職を提供して人口増に対応したのですが、レコンキスタ[*3]（国土回復運動）に成功し、大西洋へ乗り出すことが可能となったため、富[*4]を求め、世界に新しい投資先を見出《みいだ》すべく「大航海」に乗り出したのです。そこで有利になったのが、航海技術に秀でたオランダとイギリスでした。

陸に囲まれた「地中海」世界から「七つの海」に「空間」を変える「空間革命」によって、オランダの長期金利（＝利潤率）は六・三％にまで跳ね上がりました。

こうして「海」の国であるオランダとイギリスが、近代システムを構築していったのです。この近代社会において平時の金利水準は、およそ二％を下限、五％を上限として推移してきました。

しかし、もちろん、戦争になれば、超低金利国といえども、金利はリスク・プレミアムを織り込むので、急騰します。

一七世紀以降、金利の急騰は四回あり、そのうち三回はイギリスで起こりました。スペイン継承戦争末期の一七一一～一二年における八・七％、ナポレオン戦争における一七九八年の五・九四％、第一次世界大戦直後の一九二〇年の五・三二％です。そして、四回めは、米ソ冷戦に最終決戦を臨むロナルド・レーガン大統領が登場した一九八一年のアメリカで一三・九％まで急騰しました。いずれの戦争も「世界大戦」です。

資本主義にとって、リスクが高騰する戦争は「例外」です。この四回の「例外」に加え

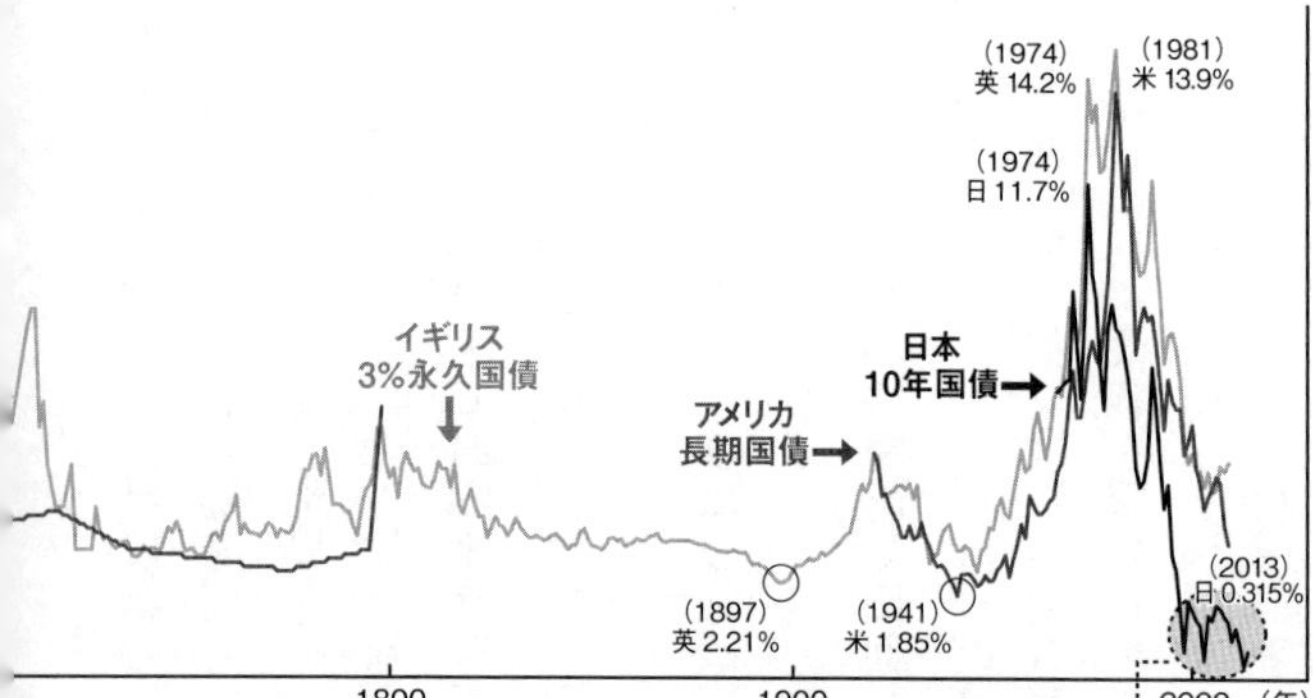

「長い21世紀」の利子率革命

て一五五五年にイタリア・ジェノヴァの金利が九・〇%に高騰したのは、「地中海世界」においてスペイン帝国とフランス・ヴァロア朝が戦って、両家がともに財政破綻した一五五七年の直前です。ウォーラーステインが言うように「いわば全世界がここで躓《つまず》いた」*5のでした。

五%以上の金利は「戦争」という例外状況のときに実現し、二・〇%以下となるときは、資本主義にとって投資先がないという「例外」なのです(図14)。

シュミットは例外状況についてこのように書き残しています。「例外は通常の事例よりも興味深い。常態はなにひとつ証明せず、例外がすべてを証明する。例外は通例を裏づけ

図14　経済覇権国の金利の推移

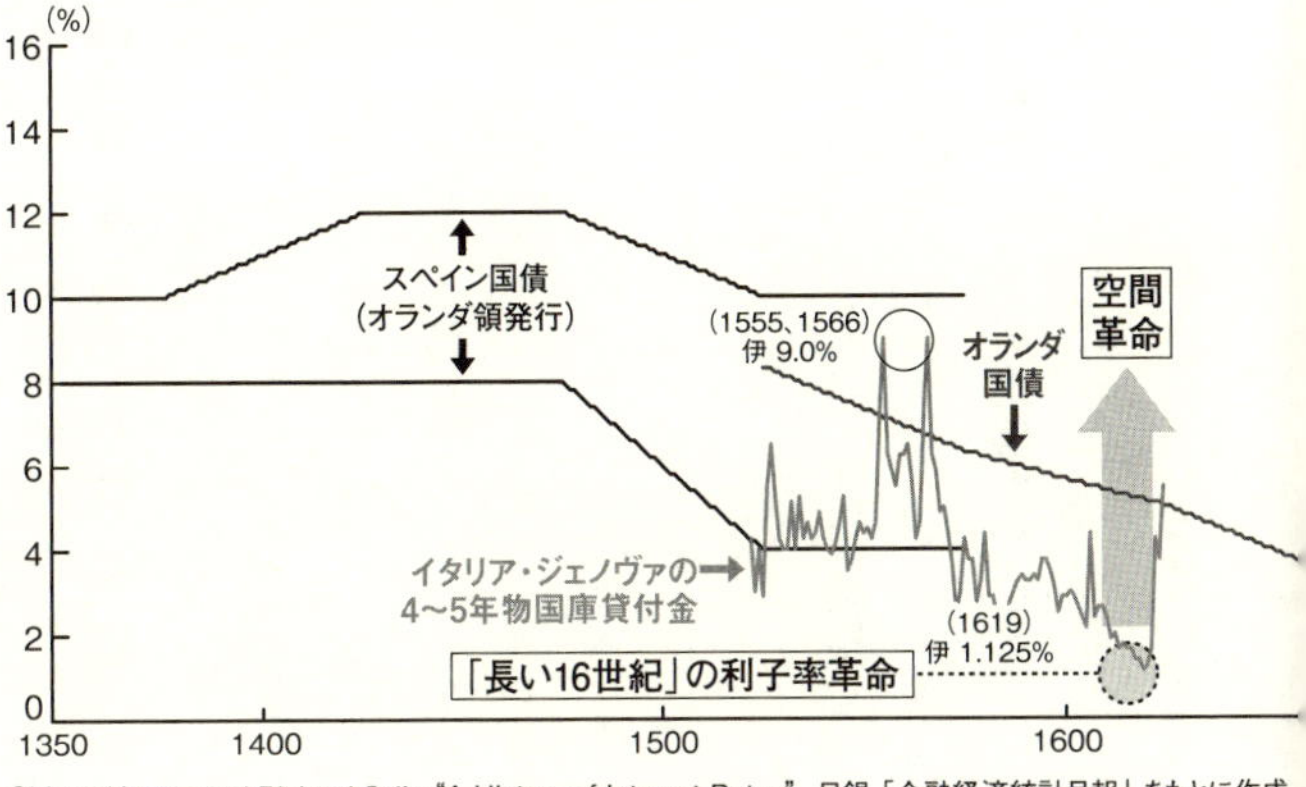

Sidney Homer and Richard Sylla "A History of Interest Rates"、日銀「金融経済統計月報」をもとに作成

るばかりか、通例はそもそも例外によってのみ生きる」[*6]と。つまり、ゼロ金利は資本主義にとって興味深い現象であり、資本主義のすべてを証明するものなのです。

しかし、政府も日銀も、「例外」であるゼロインフレ＝ゼロ金利の発するサインの意味を考えようとはしていません。あくまで常態（たとえば、消費者物価二％以上）に戻そうと躍起になっています。

しかし、日本の金利が、常態の上限である五・〇％を下回ったのはバブル崩壊直後の一九九二年で、下限の二・〇％を下回ったのは一九九七年です。この間、わずか五年なのです。

▼資本主義の先にあるものと近代への反逆

金利の歴史から判断すると、いわゆる「戦後」の日本の別の形が見えてきます。

第二次世界大戦が終わったあとも一九九二年までずっと、日本の金利は「平時」の上限である五・〇%を超えていました。同盟国アメリカで金利が五・〇%を超えていたのは、ヴェトナム戦争が激しくなった一九六七年から、二〇〇一年までの間です。つまり、日本は第二次世界大戦からソビエト連邦解体までの「戦時下」で、高度成長を実現したのです。つまり、米ソ冷戦が終わったときに金利は「平時」の水準に戻ったわけです。

先に述べたように、二・〇〜五・〇%という金利の「平時」は、日本においては一九九二〜一九九六年の時期でした。この「平時」の時期は、一人あたりGDP（ドルベース比較）が、世界第三位を五年連続で維持していたときと重なります。日本より上位にあったのは、ルクセンブルクやスウェーデンといった人口の少ない国ばかりで、経済大国としては、事実上、世界一の生活水準を日本は手に入れたのです。

その後、一九九七年以降、日本の一〇年国債利回りは、現在に至るまで二・〇%以下を記録し、「例外状況」となっています。これは、債券市場が、貪欲に「蒐集」を続けるのではなく、人間としての生き方を考えろ、と言っているのだと見ることができます。

しかし、「平時」の金利水準に戻したいだけの日本政府と日本銀行は、シュミットの言う「真の主権者」でもなければ、真の改革者でもないようです。

彼によれば、「他ならぬ『現実的生の哲学』の提唱者なら、例外と非常事態を前にして退却したりはすべきでなく、むしろそれに最高度の関心を払うであろう」[*7]からです。

政府、日銀は金利の「例外」を前にして、デフレと断固たたかうと宣言はしているのですが、シュミットが言う主権者なら当然とるべきと考える「深い洞察を真摯に希求する」[*8]態度とは、二一世紀の新しいシステムとは何かを考えることなのです。

政府も日銀も、デフレから脱却できないのは外的環境のせいだとして、言い訳に終始しています。「平時」だった金利水準に戻りたい、すなわち近代に戻りたい、という「近代引きこもり症候群」に、どうやらかかっているようなのです。

▼日本銀行の敗北

しかも、その一方で、日銀は、マイナス金利政策というパンドラの箱を開けてしまい、何が正常であって、何が正常でないのかを考えることさえ放棄しました。

二〇一六年二月から一一月まで続いた日本の一〇年国債利回りがマイナスとなるという「例外状況」は、一月二九日、民間の金融機関が日銀の当座預金に新規に預けた金利に、マイナスの利子をつけるという、いわゆる「マイナス金利付き量的・質的金融緩和」政策が引き金となりました。

日銀の狙いはこうです。民間の金融機関は、日銀の当座預金に資金を置いたままでは目減りしてしまうため、企業や個人にお金を貸し出そうとするだろう。企業や個人も、金利が低くなればお金を借りやすい。マイナス金利が企業や個人の投資や消費を促すことで、デフレからの脱却へとつながる、という夢のようなストーリーです。

今まで、ゼロが壁だと言われていた政策金利ですが、その壁を突破し、マイナス〇・一%まで引き下げたからといって、マイナス幅を際限なく広げていくことができるわけではありません。マイナス金利の下限は、実務上〇・五%であると言われています。日銀当座預金のマイナス金利を避けるために、金融機関が現金を保有した場合のコストが〇・五%と考えられているためです。[*9] したがって、日銀のマイナス金利政策の引き下げ余地は、まだ〇・四%あると言えます。

しかし、マイナス金利政策が一〇年国債利回りのマイナスを引き起こし、金融機関は国債を満期保有していたのでは損失が生じることとなり、株主に対しての説明ができなくなりました。

そこで、マイナス金利政策導入後、半年もたたないうちに、メガバンクの三菱東京UFJ銀行が反乱を起こしました。「日銀トレード」にこれ以上付き合ってはいられないとして、二〇一六年六月、同行は、「国債市場特別参加者（プライマリー・ディーラー）」の資格を返上したのです。

この乱は、同行の勝利で終わりました。あえなく、日銀は三ヵ月後の九月に「長短金利操作付き量的・質的金融緩和」の導入に踏み切り、国債買い入れの減額の可能性を認めたのです。しかも、「イールドカーブ・コントロール」といって、民間銀行の日銀への預け金にはマイナス金利を適用したままで、メガバンクに配慮して一〇年国債利回りはマイナスにならないよう、ゼロ％程度をターゲットとするというのです。

二〇一三年三月二〇日に黒田東彦が日銀総裁に就任してすぐの四月五日、国債購入額を二倍に増やし六〇兆円の「異次元量的緩和」に踏み切りました。その際「逐次投入」しないと大見得をきったのですが、二〇一四年一〇月には国債買い入れ額を年間八〇兆円としました。量の一層の拡大が困難になると、二〇一六年一月に「マイナス金利付き量的・質的金融緩和」、九月には「長短金利操作付き」が「マイナス金利付き」にとって代わったのです。

このように日銀は次々と名称だけは勇ましい政策を発動してきました。しかし、日銀が物価目標二％としていることに対して生活者の評判はまったく芳しくありません。

日銀の「生活意識に関するアンケート調査」によれば、「一年前と比べて物価が『上がった』」と答えた人（約七割）に、その感想を聞くと、八割台半ばの人が「どちらかと言えば、困ったことだ」と回答したのです（二〇一六年一二月調査）。日銀は生活者の立場に立っていないことになります。

▼日銀が手にした徴税権

物価上昇を叫ぶ日銀は困ったものだと考える一般国民は、日銀がマイナス金利政策を採用する前から、すでに反乱を起こしています。ジョン・メイナード・ケインズ（一八八三～一九四六年）の言う「流動性の罠《わな》」です。「流動性の罠」とは、植田和男によれば「名目金利に低下余地がない状況」と定義でき[*10]、貨幣の退蔵が起きることです。銀行預金に利息が付かない以上、流動性の高い貨幣のほうが預金よりも選好されるからです。

図15　日銀券発行残高（対名目GDP比）

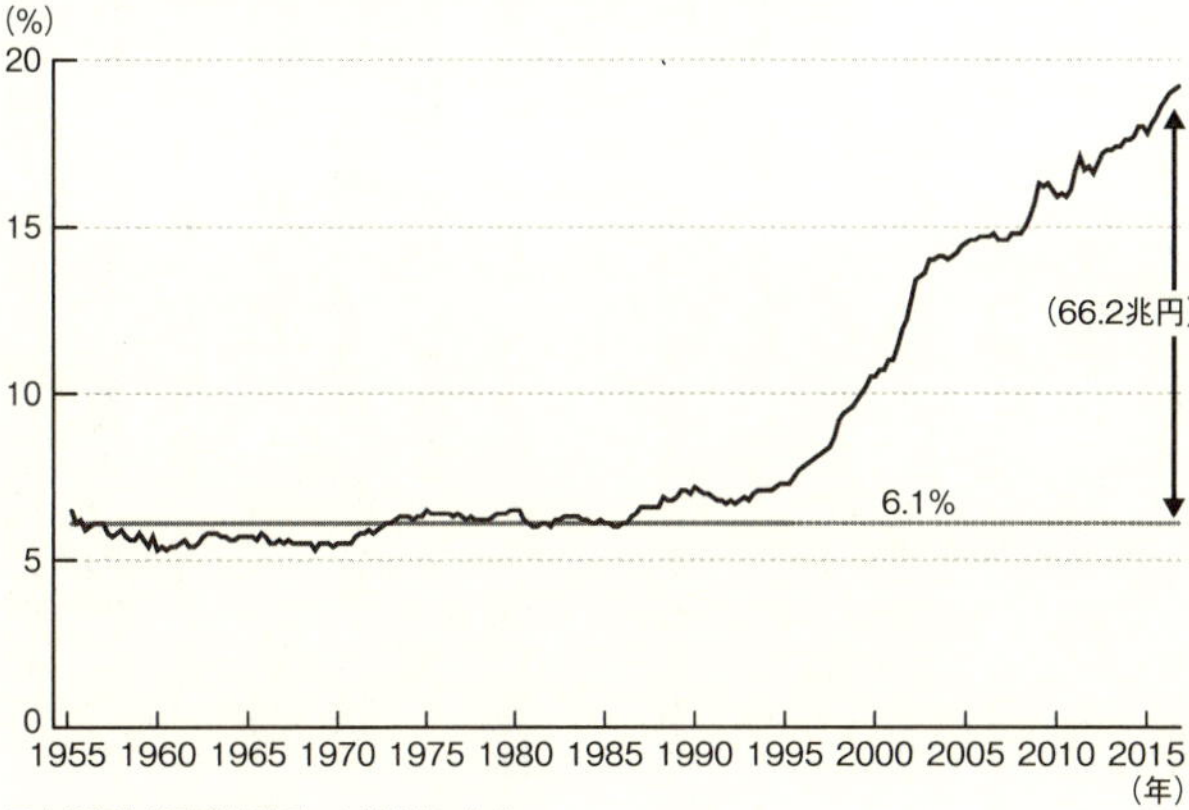

日本銀行「時系列統計データ」をもとに作成

通常、金利は、（ポケットの中にあっていつでも使えるという意味で）オールマイティである貨幣を手放す代償として支払われます。預金者から見れば、いわば、消費の我慢代ということになります。

ゼロ金利は「過剰」資本、すなわち「過剰」生産力を意味しますので、マクロ的に見れば、すなわち日本人が一人と仮定すれば、「平均的」日本人はもはや消費を我慢してまで預金をする必要はないのです。

そこで、二〇一六年末の時点で、どれくらい貨幣の退蔵があったのかを試算すると、六六・二兆円に達します（図15）。経済規模に比例して必要な現金は、およそ名目ＧＤＰの六・一%[*11]で十分で、二〇一六年七〜九月期の名目GDP五〇五・五兆円に対して、六・一%に相当する額は三一・一兆円です[12]。日銀券発行残高が九七・三兆円なので、六六・二兆円が「たんす預金」ということになります。民間銀行は事実上、預金をマイナスにすることはできないので、六六兆円の「たんす預金」は、政府・日銀に対する不信の表明と考えることができます。

近代は信義を予測可能性に置き換えたのですが、人々は日銀が預金にもマイナス金利を課すかもしれないと疑心暗鬼になって自己防衛に走っている。まさか日銀はそんなことをしないはずだという国民の予測可能性を政府・日銀が自ら破ろうとし、堕落がさらに進んでいるのです。

同時に、金融機関の所有する日本の国債の多くは、国民や企業が金融機関に預けたお金をもとに購入されているのですから、国債のマイナス金利化とは、国民の側から見れば、金融資産を少しずつ削り取られていくことを意味します。

つまりマイナス金利とは、実質的に資産課税に等しいのです。憲法に定められている通り、本来、国家の徴税率を決めるのは国会であり、執行するのが行政ですが、国会での議決を経ずに徴税権を日銀が手にしたとも言えます。

しかもマイナス金利は、一度始めてしまえば、理屈の上では下限がありません。いくらでも深掘りができる。つまり、日銀は、実質的な資産課税の税率を決定することができます。その意味で、マイナス金利を手にした日銀は、民主主義のプロセスを経ることなく、徴税権を手中におさめたことになります。

金利は、その後、プラスに転じましたが、そうだとしてもこの徴税権を日銀はいつでも発動することが可能となったのです。現に、元イングランド銀行の金融政策委員のW・ブイターは「マイナス金利政策が長期にわたって続けば、マイナス預金金利のタブーはいずれ弱まり、最終的には消える」と考えており、「いずれは金利の下限を完全に取り払うことが望ましい」[*13]と述べています。

ブイターは「下限をなくす最も簡単な方法は、現金を廃止して、電子マネーすなわちデジタルマネーに切り替えることである」と主張し、「その時、マイナス金利とキャッシュレス社会のすばらしい新世界が到来する」とまで断言します。

まさに、これは中央銀行が徴税権をなし崩し的に手に入れることであり、民主主義の破壊にほかなりません。

▼エスタブリッシュメントへの不信と静かなる反乱

じつは、ここにトランプ大統領が支持される理由が隠れています。

かつて、エスタブリッシュメントやエリートにはケインズ理論の根底にある「ハーヴェイロードの前提[*14]」を守ることが強く求められていましたが、彼らは「既得権益者」と成り下がってしまったようです。「既得権益者」が租税回避手段をもっていることも「パナマ文書」で証明されてしまいました。

その意味で、トランプは突然変異ではありません。エスタブリッシュメントやエリートの側は、トランプ支持の熱狂をポピュリズムと批判しますが、これはエスタブリッシュメントの無能ぶりと傲慢さに対するノーの表明です。そういうエスタブリッシュメントへの不信が、経済的には、貨幣の退蔵という「静かなる反乱」として表れてきているのです。

歴史を振り返れば、「長い一六世紀」において超低金利が実現したイタリア・ジェノヴァにおいても貨幣（当時は銀と金）の退蔵が起きました。

銀と金がイタリアに大量流入したのは一五七〇年以降です。インフレが貨幣現象であるとするならば、イタリアで価格高騰が起きるはずですが、竹岡敬温《ゆきはる》によれば、フィレンツエでは「一五七三～一五九〇年の期間、物価は〇・四パーセントの年平均下降率を示し[15]」たのです。

「あらゆるインフレは貨幣現象だ」と主張するマネタリストから見れば、「長い一六世紀」には「想定外」の事態が生じていたことになります。当時のヨーロッパでは、トルコの脅威[16]が高まり、一五七〇年には対トルコ戦争が始まりました。「イタリアの金銀保有量の増大にもかかわらず、この時期の物価が上がらなかったその理由は、ひとつには、貴金属の政治的・軍事的な目的による退蔵がおこなわれたから[17]」だと竹岡は指摘します。一般市民も戦争の脅威があれば、財産保全を図り金銀を退蔵するのです。

▼法治国家から安全国家へ

現代の日本の長期にわたるゼロ金利やマイナス金利をめぐる状況は、イタリアの哲学者ジョルジョ・アガンベンによる「緊急事態」の考察とも合致します。

二〇一五年一一月のパリ同時多発テロでフランスは非常事態宣言を発令し、二〇一六年一二月には、二〇一七年七月までの延長が決定されています。非常事態宣言のもとでは、警察が令状なしで家宅捜索できるほか、集会やデモを禁じることもできます。民主主義が、あのフランスで機能していないのです。

この非常事態宣言を鋭く批判しているのが、アガンベンの「法治国家から安全国家へ」*18という小論です。アガンベンによれば、緊急事態を宣言することは、「民主主義を守る盾」になるどころか、むしろ正反対に「全体主義的権力がヨーロッパに腰を据えたときの手立てだった」と言います。

そのことを如実に示しているのが、ヒトラーの権力掌握です。すでにワイマールの社会民主主義政権でさえ頻繁に緊急事態の発令に頼っており、「ヒトラーが首相に任命されて最初にとった行為も、緊急事態を発令することだったが、それは二度と解除されることはなかった」とアガンベンは指摘します。緊急事態のもとでは、警察の取り締まりが司法権力にとって代わるようになる。この変化をアガンベンは、「法治国家から安全国家へ」の移行と見るのです。

では、「安全国家」とは何でしょうか。そこには国家と恐怖の関係の驚くべき逆転があります。

トマス・ホッブズ（一五八八〜一六七九年）の『リヴァイアサン』では、万人の万人に対する闘争がもたらす恐怖を終わらせるために国家が登場しました。

ところが「安全国家」ではその図式が逆転し、恐怖を維持することが目的化します。なぜなら、「国家は恐怖からその本質的機能と正統性を引き出しているから」[*19]です。

こうして「安全国家」は、国内に恐怖をつくり出すことで、自身の存在理由を維持するようになる、とアガンベンは言うのです。

日本も「安全国家」への道をひた走っています。政府は二〇一七年三月二一日、過去三回廃案となった組織犯罪処罰法改正案を閣議決定し、衆議院に提出しました。この法案は、犯罪を計画段階で処罰する「共謀罪」の趣旨を盛り込んでおり、「内心の自由」に踏み込む恐れがあります。政府は二〇二〇年の東京オリンピック開催でテロの危険が高まるのでそれを未然に防ぐと説明するのですが、まさに人々に「恐怖」をイメージさせて、「安全国家」へ変貌しようとしています。

「内心の自由」に政府が踏み込めば、それはフランス革命を否定して「悪しき中世」に戻ることになります。そうでもしないと秩序が維持できないというのであれば、それこそ近代が終焉を迎えつつあるという証左にほかなりません。

▼「安全国家」と「超低金利国家」の共通点

アガンベンのこの議論は、政治状況のみならず日本の経済的状況にそのまま適用できます。長引くデフレという経済危機に際して、安倍政権と日銀が決定した異次元の金融緩和とは、経済における「緊急事態宣言」です。デフレ脱却を最優先するアベノミクスは、経済成長しないと社会保障が維持できない、と恐怖をあおります。

しかし、実物経済は一向に好転しません。テロリズムを撲滅することができないように、デフレもまた解消できずにいます。その結果、国家が正統性をもって権力の強化をおこなうために、自ら恐怖をつくらねばならなくなっているのです。

その兆候がマイナス金利の導入にほかなりませんでした。すでに述べたように、いつでもマイナス金利が可能だという状態は、結果的にデフレ・マインドを醸成する効果をもたらしています。いわば政府と日銀は、デフレをつくりながらデフレ退治を宣言するというマッチポンプを演じているわけです。

さらに、マイナス金利によって日銀が実質的な徴税権を手中にしたことは、アガンベンの「安全国家は警察国家であり、司法権力が消滅して、常態となった緊急事態においてしだいに主権者として振る舞うようになる警察の自由裁量の余地を全般化する[20]」という指摘にも通じています。「マイナス金利国家」は、常態となったデフレのもとで、日銀が主権者（＝徴税者）としてふるまう余地を全般化するのです。

アガンベンによれば、「安全国家」は、テロリズムの予防を目指すものではなく、市民のコントロールを狙うものです。それに倣えば、「マイナス金利国家」もデフレ解消を目指すものではなく、国民の資産をコントロールするものになっていると捉えることができます。

テロリズムとデフレ、それに連動するゼロ金利は、近代の「例外状況」にほかなりません。そしてこの政治的・経済的な例外状況に対して、民主主義国家はあまりに無力です。グローバルに拡散するテロに対して、国家が「戦争」という手段に訴えても、効果がないことは明らかになりました。

一九九一年一月に米英を中心とした多国籍軍が、クウェートに侵攻したイラクを空爆して始まった湾岸戦争以降数多くの戦争がそれを象徴しています。二〇〇一年のアメリカは、同時多発テロに対して、軍隊ではないテロ組織に対処するために米軍を出動させ、「戦争」と定義づけざるを得ませんでした。

一方的に建国を宣言したISを欧米諸国が空爆で封じ込めようとしても、シリア難民が増えてヨーロッパの政情不安を高めています。個人や少人数で遂行されるグローバル・ジハードに対して、国民国家の枠組みでは有効な手立てを講じることは不可能です。デフレや超低金利も、今や世界的な現象であり、一国の経済政策で克服できるものではありません。しかも巨大なグローバル企業の力が、国家を凌駕しようとしている。国民国家の秩序を崩壊させる点で、グローバル企業とグローバル・ジハードは表裏一体の現象であり、それを引き起こしたのがグローバリゼーションなのです。

もはや国民国家にはそれらを予防する手立てはありません。だからこそアガンベンが警告するように、国家が恐怖を自作自演するという悪夢が現実味を帯びてくるわけです。

▼貨幣は「種子」から再び「石」へ

長期にわたる超低金利という「例外状況」は、八〇〇年続いている資本主義を誕生前の状況に回帰させようとしています。

資本主義の始まりについて、私は一二一五年ごろのイタリアにその始源があると考えています。それ以前の中世キリスト教社会では、「高利貸し」が禁止されていました。利子とは時間に値段をつけることであり、利子を取る行為は、神の所有物である「時間」を人間が奪い取ることにほかならない、とされていたからです。

ところが、貨幣経済が社会生活全般に浸透してくると、イタリアの都市国家ではメディチ家のような金融業者が登場し、貨幣流通が大規模に拡張します。まさに、資本主義の誕生と言える条件が揃《そろ》ったことになります。その結果、一二一五年のラテラノ公会議で、ローマ教会は、三三％を超える利子については不当な貸付として禁止することで、その限度を超えない金利を容認したのです。[*21]

そして、利子を理論的に正当化した人物が、『契約論』を著したピエール・ド・ジャン・オリーヴィ[*22]（一二四八頃〜九八年）でした。「一三世紀の資本論」とも呼ぶに値することの書でオリーヴィは、資本を「種子」にたとえました。「種子」を蒔《ま》けば凶作にでもならないかぎり、来年（将来）には、ほぼ確実に実をつけて新しい価値を生み出す。農民に対して「種子」の購入代金を貸した人は、来年の収穫を見込んで現時点で利子を受け取る約束をしてもかまわない。そのような論理立てです。貨幣は何も生み出さない「石」だとする、それまでの考え方を否定したのです。

オリーヴィの画期的な発想から八〇〇年間にわたって資本主義は拡大を続けました。しかし、一九九七年に始まった日本の超低金利によって、資本の自己増殖がほぼ停止したのは、明らかです。ゼロ金利は貸し借りされるお金を「種子」から「石」に戻し、マイナス金利は「石」を砕いてしまうという事態をもたらしています。

▼「便利さ」と「合理性」追求のなれの果て

ゼロ金利は、一三世紀に始まった資本の自己増殖の停止を意味します。

ここに資本主義は大きな矛盾を抱えることになります。というのは、資本主義は資本が自己増殖していくプロセスであるのに、債券市場はむこう一〇年間、資本は増えないと予想しているのです。

しかも、日銀が大量の国債を買い占め続けると、近い将来、国債市場に出回る国債が消滅し、国債の価格も利率もわからない、すなわち市場メカニズムが働かなくなってしまいます。日銀自らが資本主義の幕引きをおこなっているとも言えるのです。

こうした今までには見られなかった、資本主義の逆説を示す事例が、いよいよ頻発するようになってきました。資本主義の優良企業とされていたシャープが事実上破綻し外国資本の導入を受け入れざるをえなくなったのは、過剰な設備投資が原因です。

コンビニエンスストアも乱立し、共食いの状態に陥っています。現在、日本でコンビニエンスストアは、五万四九二二店舗[*23]あります。日本の世帯数は五二九〇万世帯[*24]ですから、コンビニ一店舗あたりの世帯数は九六三となります。

コンビニでもっとも成功しているセブン‐イレブンの場合、一日平均客数（一店舗あたり）は一〇五七人（二〇一六年二月期）です。計算上、一世帯必ず一人が毎日セブン‐イレブンに来ていることになります。これ以上、同社が新規店舗を増やすと、隣接のコンビニ店の売り上げを減らすことになりかねません。勝ち組のセブン‐イレブンの一日平均客数は二〇〇八年度に一〇一三人と一〇〇〇人を超えましたが、その後は一〇〇〇人台で横ばいです。

北海道でコンビニを展開するセイコーマート（現・セコマ）の赤尾昭彦会長（当時）は、『日経ビジネス』（二〇一五年一〇月二六日号）で北海道のコンビニ業界の現状について次のようにインタビューで述べています。

「五五〇万人ほどの人口に対して、業界全体で約三〇〇〇店あります。一店当たり一八〇〇人程度の計算になります。新規出店すると、自社の既存店と顧客を食い合う段階まで来ました。これ以上は下手に店を出せない状況です」

日本全体では、コンビニ一店舗あたり二三〇八人[*25]となります。北海道の一八〇〇人よりは、まだ余裕があるように見えますが、世帯数に換算して考えてみると北海道で起きていることは日本全体でも同じように起きているのです。[*26]

「『近くて便利』なお店であるために」[*27]を目指しているコンビニがさらに店舗数を増やしていけば、消費者から見れば確かに「より近く」にはなります。しかし、経営者側からすれば、一日二度、お客が買い物に来てくれるようなお店づくりをしなければなりません。そうなれば、一日一度コンビニに行けば必要なものが購入できるというこれまでの「便利」なお店というコンセプトが失われます。企業が利益追求を衣の下に隠して消費者のためという口実で「近くて便利」をとことん追求していくと、消費者にとって「不便」になるという奇妙な逆説が生まれます。

このように日本のコンビニの「便利さ」は、もはや極限状態にあり、これ以上店舗を増やしても、利潤は上がらないのです。

同様に、「便利さ」の過剰を表しているのが、ヤマト運輸（宅急便）の時間指定配達の見直し問題です。たしかに二時間ごとに配達時間を指定できるのは、利用者からすれば大変便利な制度ですが、それを支えるドライバーは昼食をとる時間もないほどに忙しくなり、悲鳴を上げています。「便利な」サービスがついに「過剰」の領域に達したのです。

取り扱い個数をもっと増やす（売上増）と、経費がそれ以上に嵩《かさ》んで、その差額のせいで営業利益が減少するようになってしまった。「より遠く、より速く」を進めれば進めるほど、すなわち、より多くの荷物をきめ細かく何度も運べば運ぶほど、合理性（少ない経費で多額の利益を）に反することになります。最先端のサービスを追求すると、近代の原理に違反してしまうようになった。まさに、近代自らが反近代を生むのです。

ヤマト運輸の事例は、日本企業全体の縮図です。同社の売上高営業利益率はリーマン・ショックの前の二〇〇五年三月期には六・〇％でしたが、二〇一六年三月期は四・八％へと低下しています。[*28] 深刻なのは、売上高（営業収益）が増加しているにもかかわらず、収益性の悪化が続き、二〇一六年三月期になると、それまで基調としていた増収増益が増収減益に転じました。売上高を追求すればするほど、利益率が低くなっていく逆説が常態化しているのです。

「合理性」の追求も、本来のあるべき姿からそれたものとなり始めています。典型的なのが自動車産業の燃費競争です。とりわけ軽自動車で激烈ですが、本来、軽自動車はスーパーへの買い物など、自宅から身近なところへの移動手段として使われるのが常です。それなのに、三菱自動車は軽自動車で燃費データの改ざん事件を起こし、日産自動車から出資を仰がなければならない事態に追い込まれました。燃費はむしろ長距離を移動する車にこそ効果があるものです。つまり、消費者のニーズとかけ離れたところで「合理性」が追求され、会社を危機に陥れているのです。

ドローンとＡＩが組み合わされれば、企業が消費者の「内心」に踏み込み、消費者がネットで「注文しよう」と思った一秒前に、商品が届く。ＳＦじみた話に思われるかもしれませんが、「合理性」や「便利さ」をとことん追求すれば、こんな馬鹿げたサービスが登場しかねません。消費者がそんな注文はするはずがないと反論しても、裁判に持ち込まれ、企業側の弁護士はＡＩで、人間である消費者には勝ち目がないという、想像を絶することだって起きるかもしれません。

利潤を得ようと投資すればするほど、将来、大きな負債を抱え込んでしまう。わずかな利潤を得るための競争に勝とうとすれば、悪魔のささやきにもつい耳を貸してしまう。成長が収縮を生むようになったのです。

金利ゼロ＝利潤率ゼロの時代に成長を求めると、いったい人間の幸福とは何なのかがわからない、こうした資本主義の矛盾に直面することになるのです。

▼貨幣という神にすがる近代国家

ここまで見てきたように、世界中で資本主義は、機能不全に陥ってしまっています。生命の安全、信義、財産の保護の三つが秩序形成の基本ですが、利潤を獲得しようとして資本主義を維持・強化しようとすればするほど、国民生活は一段と不安定化するのです。テロが起こり、生命の安全はおかされ、企業は不正をおこなって信義を裏切り、マイナス金利で国民の財産は承諾もないまま徴税されることが可能となりました。

とりわけグローバルに遍在する政治的・経済的なリスクに対して、国民国家と資本主義を組み合わせたこれまでの近代システムでは打つ手立てがありません。国民国家も資本主義も、もはや賞味期限が切れてしまっているのです。

資本主義が全世界を覆い尽くしていく近代とは、貨幣が神として君臨した時代でした。リュシアン・フェーヴル（一八七八～一九五六年）は、ジュール・ミシュレ（一七九八～一八七四年）の言葉を次のように紹介しています。資本の概念が誕生した一三世紀、フィリップ端麗王（在位一二八五～一三一四年）の時代に「われわれが到達した時代は、金《きん》の頭期と捉えるべき時代である。金とは、われわれが踏み入る新世界の神なのだ[*29]」。

しかし、グローバリゼーションが収縮に転じた今、貨幣が神の座から滑り落ちようとしています。

無限の空間においては、貨幣が資本に転化することで、無限の神となりえたのです。フロンティアが消滅し、グローバリゼーションが限界となった現代の有限な空間において、無限に膨張する資本が神の座におさまっていることは、もはやできません。

このように考えれば、現代の国家が、ナショナリズムと新自由主義という一見相反するふたつのベクトルを同居させていることにも納得がいきます。ネイションと貨幣が神でなくなってしまうと、近代国家は存立基盤を失ってしまうのです。

それにもかかわらず、国家は経済成長という夢からさめようとはせず、そのためにナショナリズムをあおり、自らの存在の維持を図ろうとしているのではないでしょうか。したがって、現代のナショナリズムが排外主義の色彩を濃くして自らの成長を図ろうとすることと、経済成長のために通貨安競争に明け暮れることは、同型の病と見るべきです。

一九五〇年代から一九七〇年代前半のおよそ二〇年間は「黄金時代」（ホブズボーム）だったのですが、この直前に格差を縮小させる動きがあったのです。ピケティが指摘[*30]したように、ひとつには富裕層のもつ生産設備が戦争で破壊されたという外的ショックであり、もうひとつには国家総動員をスローガンにしたからこそ可能だった富裕層への課税の強化でした。

つまり、近代の理念が実現して「中産階級」が生まれたわけではないのです。「二〇世紀に過去を帳消しにし、白紙状態からの社会再始動を可能にしたのは、調和のとれた民主的合理性や経済的合理性ではなく、戦争だった」[*31]。国家総動員をともなう二度にわたる世界大戦を除けば、近代は「調和のとれた民主的合理性や経済的合理性」を実現できたことなどなかったのです。

近代が生み出した「合理性」という概念は、どうやら資本が「合理性」を独り占めしてしまったようです。

これは有名になったピケティの「r（資本収益率）＞g（経済成長率）」の定式よりも、はるかに重要な指摘であると私は考えます。その意味で、『21世紀の資本』は、近代システムに向けた「死亡宣告書」なのです。

近代の合理性が形式上成立したのは、ホブズボームの言う「黄金時代」だけだったというわけです。「近代的成長、あるいは市場経済の本質に、何やら富の格差を将来的に確実に減らし、調和のとれた安定をもたらすような力があると考えるのは幻想[*32]」であるともピケティは言います。

つまり、富の格差を最初から是認していた古代ローマの帝政や中世封建制と、立派な理念を掲げた近代システムは、結果として大して変わらないのです。

近代以降、アメリカ革命とフランス革命はどちらも、権利の平等を謳《うた》いました。しかし、「実際問題としては、一九世紀を通じ、こうした革命から生じた政治体制は、主に財産権保護に専念した[*33]」とピケティは指摘します。つまり、近代の市民革命は資産形成の観点から評価すれば資本家の財産保護に熱心であって、一般国民にとってみれば幻想だったといっても過言ではありません。

これらの言葉は、近代の欺瞞《ぎまん》を証明しています。仮に高い理想を掲げたシステムであっても、理念を神棚にしまい込んで、現実には不平等を拡大してきたとすれば、それを終わらせるのが二一世紀の課題なのです。

第三章　生き残るのは「閉じた帝国」

▼「蒐集」の後に何が起こるのか

前章で見たように、テロリズムとゼロ金利という「例外状況」が常態化していることは、国民国家と資本主義からなる近代システムがすでに機能不全に陥っていることを示しています。

こうしたことを直視せず、成長至上主義にしがみつこうとすればするほど、政治的にも経済的にもリスクは高まり、社会の秩序は崩壊に向かいます。

成長は近代の産物です。つまり、近代システムが盤石であること、すなわち空間が無限であることが成長の条件なのです。フロンティアの消滅した現代では、もはや空間は有限です。資本主義と国民国家が両立できた一九七〇年代半ばまでの「黄金時代」を新しい時代のモデルとすることはできません。そもそも第二次世界大戦後の「黄金時代」も近代の理念の果実ではなく、冷戦の産物だったのです。

深刻なのは、この「黄金時代」が、複数の意味で最後の輝きの時代だったということです。ノアの方舟《はこぶね》から始まったと言われる、西欧文明の本質である「蒐集」の歴史、一二一五年に端を発する資本主義の歴史、「長い一六世紀」後半のウェストファリア条約（一六四八年）から始まる主権国家システム、一八世紀末のフランス革命が生み出した国民国家――。

こうした歴史を貫く社会体制が最後の輝きを見せた時期が、資本主義の「黄金時代」であり、これらすべてがゆらいでいるのが現代の危機の真相なのです。

では、こうしたシステムが終わっていく次の時代に、どのようなモデルがありえるのか。西欧の「蒐集」システムの行き着いた先が近代システムなのですから、この問いは、結局のところ、近代以後のシステムの姿を問うことにほかなりません。そして、ゼロ金利が常態化する社会のあり方を考えることなのです。

▼一九九〇年代に現れたふたつの「非公式の帝国」

そこで注目したいのは、一九七〇年代後半に国民主権国家と資本主義の限界が明らかになり、「長い二一世紀」に突入した後の世界に、アメリカ金融・資本帝国とEU帝国というふたつの「帝国」が登場したことです。

アメリカはアメリカ合衆国という連邦国家であり、EUは「欧州連合」と訳される地域統合体です。どちらも表だって公式に「帝国」を名乗っているわけではなく、ジョン・ギヤラハー（一九一九～八〇年）とロナルド・ロビンソン（一九二〇～九九年）の言うところの「非公式の帝国[*1]（informal empire）」です。この二人の考えを発展させたマイケル・ドイルによれば、公式の帝国とは「併合による支配と植民地総督の下での統治」を意味します。それに対して、「非公式の帝国」は「法的には独立した周辺政権の対内的・対外的政策に対して、従属的な周辺エリートへの買収や操縦により間接的に支配を及ぼす[*2]」存在です。

このように、アメリカ金融・資本帝国とEU帝国というふたつの「非公式の帝国」を、「帝国」という視点から見ることによって、初めて私たちが近代とポスト近代の過渡期に立ち会っていることをよりはっきりと理解できるようになります。

アメリカ金融・資本帝国が従来の近代の延長線上にあるのに対して、EUはポスト近代的な帝国であるという点が、二一世紀のあり方を考えるうえで、非常に重要な視点です。つまり、このふたつの帝国は、近代の限界とポスト近代の条件を示唆するものなのです。

アメリカ金融・資本帝国とEU帝国は一九七〇年代後半からの長い胎動期を経て、いずれも一九九〇年代に具体的な姿を現しました。

アメリカ金融・資本帝国が完成したのは一九九五年です。この年に国際資本の完全自由化が実現し、ルービン財務長官によって「強いドル政策」が打ち出されました。「強いドル政策」とは、リチャード・ニクソン大統領が一九七一年にドルと金のリンクを断ち切って以来のドル安から一転、ドル高に舵《かじ》を切ることによって、世界中のマネーをアメリカに集中させた政策のことを言います。[*3]

一方、ヨーロッパでは、一九七九年に欧州通貨制度（EMS）の導入に踏み切り、一九九二年のマーストリヒト条約によってEUが創設され、一九九九年にはユーロを導入、通貨統合も完成しました。

アメリカ金融・資本帝国は「無限空間」を前提としている点では、古代から近代に至るまで存在した「世界」帝国（公式、非公式を問わず）と共通点をもっています。その意味では旧帝国ですが、土地に制約されず、「電子・金融空間」に立脚している点では新帝国です。国境なき「電子・金融空間」のなかで、資本家や巨大企業がおりなすネットワークは、もはやアメリカ金融・資本帝国というよりも、アメリカという土地に立脚しない、無国籍の「資本帝国」と呼ぶほうがふさわしいかもしれません。

そして資本帝国は、その誕生地であるアメリカの国民すらも帝国の臣民にしようとしている。それに対する謀反、あるいは忘れられた人々の一揆《いっき》が二〇一六年のアメリカ大統領選挙で起きた。その意味で、無国籍化する資本帝国は、当のアメリカ国民国家の秩序を崩壊させることになってしまったのです。

それに対して、ＥＵは、ヨーロッパに限定された「有限空間」を前提とし、世界帝国を目指していないという意味では新帝国なのですが、土地に立脚しているという点では旧帝国なのです。

▼超低金利国の交代が意味するもの

こうしたアメリカと欧州の「帝国」化の動きをどう理解すればいいのでしょうか。ここで重要なのが、近代の出発点において「空間」と「時間」は有限だという考え方から無限だという考え方に、思想上の大転換が起きたということです。「長い二一世紀」においては、近代の出発点と正反対の動きが生じて、それが「閉じた」帝国化に向かわせているのです。「無限」だという前提が消滅したのだから、「閉じる」方向に向かうしかないのです。

二一世紀が「有限」を前提にどんな社会になっていくかを考えるには、まず「有限空間」を前提とする中世から「無限空間」を前提とする近代へとどのように変遷を遂げてきたのかを見る必要があります。

「空間」と「時間」に対する人間の意識が変わるとき、人間の経済行動の結果として、金利の発するサインを読みとることが大事なのです。

一六世紀にスペイン世界帝国に資金を供給していたイタリア・ジェノヴァの金利は、一五五五年の九％をピークに下がり始め、一六一一年から一一年間、二・〇％を下回る超低金利を経験しました。

それ以降、最低金利国は、オランダ→イギリス→アメリカ→日本と変遷していきました。利子率は、実物経済での利潤率と近似値を示すため、低金利とは、いくら追加の資本を投下しても、高い利潤を上げることのできないくらい成熟した経済に到達していることを示しています。つまり、世界一の低金利国とは、ある特定の世界システムにおいてもっとも成功した経済大国なのです。

注意しなければいけないのは、世界一の低金利国が交代するにも、まったく異なるふたつの次元があるということです。

まず大きなほうの変化について言うと、「利子率革命」と呼ばれる、世界経済システムそのものの根幹に関わる大変革です。「長い一六世紀」の終わりに起きた、イタリア・ジェノヴァの超低金利がそれにあたります。利子率＝利潤率が二・〇％を下回るようになれば、資本の増加はほぼゼロです。こうした超低金利が一〇年以上続くと、それまでの経済・社会システムを維持することはできません。[*4]

ジェノヴァで一一年続いた超低金利は、中世の帝国システムを解体し、近代主権国家システムを準備するほどの大きな革命的な変化をもたらしました。これが「利子率革命」と呼ばれるゆえんです。

もうひとつの変化は、世界システムを変えたジェノヴァの超低金利に比べ、利子率低下の度合いも期間もさほどではなかった、オランダ、イギリス、アメリカで起きた低金利です。この世界一の低金利国の交代は、あくまで近代システムという同一のシステムのなかで起きた「ヘゲモニー国家（覇権国）」の交代にすぎません。

▼日本の超低金利が示す近代システムの終焉

中世から近代へというような大きなシステムの変革を伴う「利子率革命」のような超低金利と、近代システムのなかで覇権国が順々に経験した低金利との次元の違いをふまえたとき、次に考えるべきことは、アメリカの次に覇権を握る国があるのか否か、あるとすればどこなのか、超低金利の日本は何なのか、です。

図14（七四〜七五頁）を見るとわかるように、一九七八年に、日本はアメリカに代わっ

て世界最低金利国になり、一九九七年からは二・〇％を下回る金利が現在に至るまで続いています。

はたして、日本の超低金利は何を物語っているのでしょうか。

低金利による覇権国の交代という意味であるならば、アメリカの金利を日本が下回った時点、つまり、一九七八年あたりに、アメリカの覇権は終わり、日本が新しい覇権国になる資格を有したということになります。実際、経済成長率を見ても、一九七〇年代後半から八〇年代にかけては、日本が新たな経済覇権国になるかもしれないと目された時代でした。エズラ・ヴォーゲルが一九七九年に著した「ジャパン・アズ・ナンバーワン」という言葉が真実味を帯びた時期です。

しかし、覇権交代が実現していないことを私たちは百も承知です。

その理由は明らかでしょう。現在進行中の日本の超低金利は、「長い一六世紀」の「利子率革命」と同様、システムそのものの変更を予告する「二一世紀の利子率革命」だからです。

なぜアメリカが、近代システムのなかでの最後の覇権国家だと言えるのか。覇権国はあくまで近代システムの概念です。近代とは生産力の増大を競って、もっとも生産力の高い国が覇権国となります。世界中で生産力が「過剰」となった今、覇権国の意味がなくなってしまったのです。アメリカは、一九七〇年代以降生産力が衰退し、製造業の代わりに金融化を推進し、一九九〇年代には投資銀行が成長産業と言われるようになりました。[*5] しかし、二〇〇八年のリーマン・ショックで破綻し、金融化の過程で中産階級が没落していったのですから、近代市民国家という概念からも逸脱しています。金融に特化して覇権国を維持しようとした目論見もあえなく失敗したのです。

もし地球上にフロンティアが残っているのであれば、アメリカで過剰になっていた資本は、次なる覇権国家へ投資されたはずです。しかし、もはや投資をしても利潤を得られる先はありませんでした。そこで、資本の側がおこなったことは何だったのか。

金融の自由化の名のもとに、大半の雇用者の生活水準向上につながらない[*6]「電子・金融空間」をつくり出し、「金融・資本帝国」から国民を締め出してしまったのです。

近代システムのなかでの超低金利国の変遷とは、誰が「より広い空間」を支配するかによって覇権を巡る争いでした。オランダの勢力が及んだバルト海と地中海よりもさらに広い空間、つまり「七つの海」を一体化して支配したイギリスのあと、アメリカは二〇世紀にふたつの世界大戦を経て、航空・宇宙技術によって「空」の支配権を確立し、イギリスから「七つの海」も相続しました。

しかし、「空」や「宇宙」という空間の支配は、軍事的な力の源泉になりえても、交易によって利潤を得ることができない空間です。地上における市場の支配においては、グローバリゼーションがアフリカに到達した今、これ以上の「膨張」は望めません。アメリカが「より広い空間」を見出せないことこそが、アメリカの覇権の終焉を一番雄弁に物語っています。二〇世紀末から二一世紀の現在生じている日本をはじめとした主要国の超低金利は、アメリカ以外の国も「より広い空間」を発見できないという点で資本主義の終焉でもあるのです。

利潤を得るための「実物投資空間」は必ずいつかは「有限」となる――。中世から近代への転換が「長い一六世紀」に起こって以来、私たちは「実物投資空間」が「無限」であるという「幻想」を抱き、信じてきました。しかし、それが二一世紀になって「幻想」であったことが、あらわになってきたのです。

▼国家が生産力を競う近代の始まりと終焉――一五五九年と一九九一年

空間が「無限」に広がった近代では、国家は生産力を高めることを最重要課題におきました。生産力が高いほど広大な「空間」を支配し、国民の無限の欲求に応えることができるからです。生産力こそがすべてであるという信仰こそが、近代という時代を特徴づける重要な要素だったとも言えます。

中世から近代へと移行する「長い一六世紀」（一四五〇～一六五〇年）をウォーラーステインは前半と後半に分け、一五五九年を第二期の始まりと呼んでいます。スペインとフランスの間の戦争が四年も続き、両国は財政破綻して戦争の遂行が不可能になり、[*7]カトー・カンブレジ条約[*8]をこの年、締結したのです。スペインとフランスというヨーロッパ世界経済、すなわち「全世界がここで躓いた」のです。

このころ、皇帝や国王は一代限りで借金を清算しなければなりませんでした。つまり、その信用の源泉は、皇帝や国王の属人的な権力にあったのです。

しかし、カトー・カンブレジ条約によって、それが不可能だということが除々に明らかになっていきます。帝国システムは官僚組織が肥大化しその維持にあまりにもコストがかかるようになり、世界帝国の皇帝（あるいは国王）に対する信用供与はリスクが大きくなりすぎたからです。

そして、この条約は、戦争当事国のスペインとフランスだけにとどまらず、ヨーロッパ全域の宗教や政治・経済に大きな影響を及ぼします。「一時代の終わりを画すというよりは、未来へむけてのスタートを意味し、（略）その未来は大西洋の彼方《かなた》、七つの海にひらけていた」[*9]とフランク・C・スプーナーは指摘しています。この時期に、コペルニクス革命（一五四三年・第五章参照）によって、空間は「無限」になっていったのです。

「七つの海にひらけた」未来は、スペインではなく、オランダとイギリスにとってのものでした。そして「長い一六世紀」の第二期の終わりまでには「これまで国王に資金を貸し付けてきた金融業者に代わって、国家そのものが信用の源泉となった」[*10]のです。

皇帝や国王は一代限りで借金を清算しなければなりませんが、国家が国債を発行して借金すれば、国家の存続する限り国家に対する貸付は保証されることになります。

一六世紀のスペイン世界皇帝は何度も借金不払い宣言をすることで債務から逃れてきたのですが、イギリスは一六八八年の名誉革命で国債を発行して資金を調達したのです。国家債務の信用力は、国家のモノの生産力であり、生産力の増強を「成長」というのです。

国家債務の信用力は、モノの生産力に裏付けられるようになったのです。したがって、近代とは、国家の生産力こそが信用の源泉になった時代でもあるのです。生産力が増強している限り、国家の信用力は崩れることはありません。つまり、国家が国債を発行して借金すれば、国家の存続する限り国家に対する貸付は保証されることになったのです。

一五五九年のカトー・カンブレジ条約が「長い一六世紀」を前半と後半に分ける画期点となったのは、イギリスやオランダが「未来へむけてのスタート」を切ることになったからです。すなわち一五五〇年から始まるイギリスの海賊資本主義が「七つの海」に広がっていったのです。「七つの海にひらく」ためにイギリスは東インド会社、南海会社、イングランド銀行を設立して国家に対する信用力を高め、国の生産力を増強していったのです。

一五五九年に匹敵する「躓き」が、「長い二一世紀」の一九九一年にふたつ起きました。ひとつは東のソビエト連邦解体、もうひとつは西側陣営の日本のバブル崩壊です。どちらも、信用力の崩壊です。前者が社会主義における国家の信用力崩壊（ルーブルの無価値化）であり、後者が資本主義の主役である大企業が巨額の不良債権を抱えて経営破綻したという信用力の崩壊です。

二〇世紀初めに誕生した社会主義国家も生産力の増加を目指すという点では、資本主義と同じです。社会主義は軍の要求を優先し、資本主義は消費者の欲求を満たすことを優先しました。東西陣営の生産力増強競争の結果は一九九一年に明らかとなり、西側陣営、とりわけアメリカは「平和の配当」を享受し勝利に酔いしれました。

しかし、社会秩序維持のために生産力を増強するという競争は、これで十分だという上限はありません。上限がなければ国家の実力を超えて生産力を高めようとするので、一方が「過剰」で倒れれば、他方も同じ結末になることは明白です。資本主義も社会主義も元をたどれば、キリスト教の「蒐集」という思想にその起源を求めることができるからです。

一九九一年は、際限のない生産力増強は国家の信用を崩壊させることがわかった点で一五五九年のカトー・カンブレジ条約と同じ位置づけになります。ただし、二一世紀のどの国家も一五五九年の「未来へむけてのスタート」を切ろうという意思がない点で、一九九一年は未完です。

完結するには、日本が「より近く、よりゆっくり、より寛容に」に向かってスタートを切ることです。これが二一世紀の日本のポスト近代戦略の土台とすべき原理なのです。

一九九一年以降、日本経済はデフレとゼロ金利に象徴される「長期停滞」に突入しましたが、世界秩序に責任をもつ西側の盟主アメリカは政治的に大きく躓きました。米ソ軍拡競争にほぼ勝利することにメドがついた一九九〇年八月に、イラクのクウェート侵攻が起き、アメリカ大統領ジョージ・H・W・ブッシュは連邦議会で「Toward a New World Order（新世界秩序に向けて）」と題したスピーチを行いました。そして、「新世界秩序」構築に邪魔をするイラクを一九九一年一月に空爆しましたが、あとから振り返れば、テロの時代の幕開けとなる戦争の勃発でした。

湾岸戦争におけるサウジアラビアの親アメリカ姿勢に不満をもつビン・ラディンが反米姿勢を明確にするようになり、二〇〇一年の九・一一、二〇〇三年のイラク戦争、そして、二〇一五年になるとフランスのシャルリー・エブド襲撃事件[*11]など急速に世界秩序は不安定さを増していきました。

世界中でテロが横行し、シリア情勢が混沌化《こんとんか》し、オバマ大統領は「世界の警察官をやめる」と宣言し、二一世紀は好むと好まざると、「閉じた帝国」に向かっていかざるをえなくなったのです。

▼主権国家システムvs.帝国システム――主権国家システムは過渡的な存在

資本が利潤を得ることのできる「空間」が消滅寸前である――。この「歴史の危機」に、国民主権国家と資本主義の組み合わせでは対応することができません。国民に配るパイが減ってしまえば、中産階級が没落し、国民主権国家は維持できないからです。

そこで、二〇世紀の最後に、アメリカと欧州が選択したのが「帝国」化でした。

「長い一六世紀」の終わりを告げるウェストファリア条約で成立したとされる主権国家システムは、主権をもつ諸国家がそれぞれ対等だという建前の上で成り立っています。建前では、すべての主権国家は平等です。

しかしながら、主権国家の平等性は国内秩序を維持できても、国際秩序[*12]や、さらにはその上位概念である世界秩序[*13]が安定しません。そこで、世界秩序に責任をもつ「非公式の帝国」が登場します。

「非公式の帝国」が世界秩序に責任をもつのは、富（あるいは資本）を自国に集めることが容易になるからです。

いつの時代も「富」（一三世紀以降は「資本」）を「周辺」から「中央」に「蒐集」するシステムが存在します。

古代と中世は、「陸の国」の時代でしたから、「すべての道はローマに通じる」という言葉は、「富がローマに蒐まる」という意味でした。「海の国」の時代、つまり近代に入ると「七つの海を通じてロンドンに富が蒐まる」ようになったのです。そして、二〇世紀になると「すべての富はウォール街に蒐まる」仕組みが構築されました。そうした富を蒐集するシステムを構築できる国が「帝国」や「覇権国」となったのです。

しかし、主権国家システムと帝国システムには決定的な違いがあります。それは国境線を認めるか否かです。

国境線を認める主権国家システムは、市場や人の行き来を通じて国家間の相互作用を認めます。一方、帝国システムはつねに命令を通じてモノや情報の流れが「中央」から「周辺」へと一方通行になります。

国家間の相互作用は一回きりで収束することは稀《まれ》です。一度、大きなショックが生ずると、他国に多大な影響を及ぼし、それがまた自国にはねかえってきます。そうした相互作用が反復されて起きるのです。空間が無限であるときは、そのショックはその後の成長で取り戻すことができるのですが、空間が閉じれば、大きなショックは他国に打撃だけが残り、経済は疲弊するだけとなります。その象徴的な例がリーマン・ショックでした。

この違いを押さえると、帝国と覇権国の違いもわかります。帝国は「周辺」に対して内政についても外交についても、すべてに影響力を行使し、支配をしています。これに対し、覇権国は、他国の外交には影響を与えますが、内政には干渉しません。他国の内政にまで干渉すると、主権国家システムと相容《あいい》れなくなるからです。

ここまでが理論上の話です。しかし、肝心なことは、主権国家システムのなかにある覇権国家であっても、いともたやすく「帝国」に変身できるということです。「公式」であれ、「非公式」であれ、帝国はいつの時代においても「中心」と「周辺」が存在するのです。

主権国家システムを維持したまま、「蒐集システム」の一形態であるグローバリゼーションを推進すれば、「公式」であれ「非公式」であれ必然的に「帝国」化することになるのです。古代・中世・近代を通じて根底に「蒐集システム」が貫徹しているのですから、蒐集するために内政にも外交にも影響力を行使しようとするのは当然です。

この観点から見れば、主権国家システムは過渡的なものにすぎません。価値判断を差し控えて言えば、帝国システムのほうが主権国家システムよりも、普遍性を有しているのです。

従来の帝国研究は、「『帝国』の存在をある特定の歴史的段階と結びつけて規定しようとしていること」に特徴がありました。「すなわち『前近代的』政治体制としての帝国、あるいは『近代的』資本主義段階としての帝国という把握」[*14]です。

しかし、最近の帝国研究は、主権国家システムの近代に「非公式の帝国」の概念を導入することで、古代、中世、近代を通じて国家の本質に迫るようになったのです。

その意味で、一九九五年に完成したアメリカ金融・資本帝国も「非公式の帝国」と言えます。金融のグローバリゼーションを通じて、各国に金融の自由化や規制緩和を強制的に導入させ、他国の貯金で自国の経済がまわるような仕組みを構築した。これは、内政干渉をしながら、世界の富をウォール街に集めるための帝国なのです。

一方で、EU帝国は「公式の帝国」の性格を色濃くもっています。というのも、アメリカ金融・資本帝国は、表向きには国民国家として主権国家システムの一員を装い、他国を自国と同等の主権国家として扱っているかのように行動しているのに対して、EU帝国は、ブリュッセルにあるEU本部が、条約をもとに加盟する国家の主権に大きな制限を加えているからです。

つまりEU帝国は、表向きにも、主権国家の枠組みを超えているのです。

このような「帝国」化は、アメリカとEUだけではありません。ロシアはプーチンが二〇〇〇年に大統領に就任して以来、彼に権力が集中し、ロマノフ王朝（一六一三～一九一七年）の再来と言われています。*15

中東はどうでしょうか。現在の中東混乱の原因は、一〇〇年前の「サイクス・ピコ協定」（一九一六年）にあると言われています。一〇〇年という時間軸は、中東という人類の文明が誕生した地においては極めて短いものですが、クルド人政治学者カマラン・マンテックが述べているように、今の状況は「あえてその時間軸で考えるなら、オスマン帝国統治の時代、つまり、協定以前の状況に逆戻りする途上と言える」[*16]でしょう。

オスマン帝国は一二八一年から一九二二年まで六世紀半近く中東を支配したのであって、「今なお真のイラク人は生まれていない」と彼は言います。そうであれば、国民国家が主導した平和を取り戻すことは困難でしょう。

中国においても二〇一六年一〇月に権力者である習近平総書記が「核心」の称号を得て権威を高めるなど、権力の集中が進み、帝国化しています。「核心」の称号を得たのは、過去には毛沢東と鄧小平《とうしょうへい》、江沢民《こうたくみん》の三氏だけでした。

このように、二〇世紀末から現在にかけて多くの地域で「非公式の帝国」化が進行しているのです。

▼世界史は陸と海のたたかい

EU帝国とアメリカ金融・資本帝国の違いを考える上で、大きな示唆を与えてくれるのが、シュミットの「世界史は陸の国に対する海の国のたたかい、海の国に対する陸の国のたたかいの歴史である」[*17]という歴史的視座です。

二一世紀は、シュミットが世界史を「陸と海のたたかい」と定義した通りの展開となっています。海の「金融・資本帝国」（英米）vs.陸の「領土帝国」（独仏、露・中・中東）のたたかいです。アメリカ金融・資本帝国は無限空間である「海の国」の延長であるのに対して、EU帝国は有限空間の「陸の国」だということです。

そして現代では、「長い一六世紀」以来の近代システムにおいて勝者であった「海の国」が弱体化し、近代システムでは敗者であった「陸の国」の力が強まっているのです。金利がゼロになれば、これまで蒐集する側であった「海の国」が富を蒐集できなくなって、相対的にその地位が低下するからです。

近代以前の世界では、陸上でのたたかいで勝利した者がその地域の支配権を握るというのがつねでした。領土を手にした権力者は、富を得る手段として農地や牧草地として活用します。その陸上での支配がかなりの広範囲に達したことが歴史上、何回かありました。シュミットは、アレキサンダー大王の遠征、シーザーによるガリアとイギリスの占領、十字軍遠征などを挙げています[*18]。

「陸の時代」の支配者たちは、領土を手中におさめると、官僚組織の肥大化など、人的にも物的にも多大なコストをかけて広大な領土を統治しました。しかし、そのコストの重みに耐えられなくなると、社会秩序が崩れ、領土は拡大から収縮への局面に入っていくということの繰り返しでした。

ところが、一五世紀の末になると、造船技術が発達したおかげで、西欧の人々は陸の縛りから解放され、「より遠く」へ向かうことができるようになりました。ヨーロッパ各国のなかで、真っ先に大海原に出たのは、地中海世界という狭い「閉じた空間」では利潤を得られなくなったスペイン、ポルトガル、それを経済的に支援したイタリアです。「湖」にした地中海から飛び出し、大航海という賭けに出たのです。

スペインは新大陸で銀山を発見し、ポルトガルは喜望峰を廻《まわ》って遠隔地貿易を拡大させました。しかし、スペインもポルトガルも実質的には「陸の国」の性質を捨て去ることができませんでした。海を渡った先の「陸」で、「陸の国」としての古い統治の方法を続けたのです。

一方、新しく登場したオランダやイギリスは、「海」を制することで空間を拡大させました。海という空間は、既存の国家が制定した「陸の法」が行き届く領域ではない、ならばその空間から「自由」に収奪するべく新たなルールをつくろう――。オランダやイギリスは、このような発想で、まったく新しいルールを自国に有利なようにつくり上げたのです。*[19]

このように「陸の時代」から「海の時代」へと転換したことをシュミットは「空間革命」と呼んでいます。

広大なスペイン帝国に比べ、ごく狭い領土のみを支配する国家でしかなかったオランダやイギリスの台頭が可能だったのは、「自由な海」で既存の「陸の法」に縛られず、「陸の国」から、あるいは「新大陸」から「自由」に収奪をおこなったからにほかなりません。

一七世紀では海賊による略奪であり、一九世紀後半〜二〇世紀初頭では植民地を相手にしたやはり略奪的な貿易です。また、現代にまで続く、一見、公正を装うことに成功している「自由貿易」にしても、仔細《しさい》に見れば、覇権国家が自国に有利なルールを押しつけ、富を「蒐集」していることがわかります。

そして二〇世紀にイギリスから「海の国」を相続したアメリカは、海と空を一体化させ、「海と空の覇権国」として世界に君臨することになりました。一方、第一次世界大戦以後、ソビエト連邦は「陸の帝国」として社会主義国家を束ねていましたが、二〇世紀の海と陸のたたかいもまた、一九九一年に海の勝利をもって終結したかのように見えました。

二〇世紀末にアメリカがソ連に勝利できたのは、「海の国」が中東の化石燃料を支配することで、安価に「より遠く」にある富（資本）を集めることができたからです。海と空を自由に、「より速く」移動するには、化石燃料の大量消費が不可欠なのです。セブン・メジャーズの国籍はオランダ、イギリス、アメリカの三ヵ国のみで「海の国」であり、かつ超低金利国となったことが近代の本質を如実に物語っているのです。

▼「電子・金融空間」の創出は近代の延長線上の発想

しかしすでにアメリカも、一九七〇年代後半から「海の覇権国家」として衰退に入っていました。

実物投資空間での利潤低下に直面したアメリカは、近代システムに代わる新たなシステムを構築するのではなく、かつての覇権国がそうしたように別の「空間」を生み出すことで近代資本主義の延命を図りました。すなわち「電子・金融空間」に利潤のチャンスを見つけ、金融・資本帝国化していくという道です。

「航路」の支配にかわって、一九九〇年代になるとアメリカが「電子」の道であるインターネット網の支配を通じて、あらゆる情報を集めたことは、エドワード・スノーデンの暴露でその一端を垣間《かいま》見ることができました。情報の集まるところに、マネーが集まるのはいつの時代も同じなのです。
　しかし、アメリカ金融・資本帝国は二〇〇八年に起きたリーマン・ショックで不調をきたしています。「電子・金融空間」はそれ以前の「実物投資空間」と異なる思想をもって生み出されたわけではありません。近代の考え方である「より遠く、より速く、より合理的に」という延長線上にある空間なのです。
　リーマン・ショック後アメリカへの資本流出入が減少すると、ウォール街は高頻度取引（HFT）でナノ秒単位を競ってNY証券取引所に売買注文をするようになりました。そうでもしないかぎり、資本を増加させることができなくなってきているのです。しかし、HFTは切り札になりません。アメリカの全産業の利益のなかで金融部門が占める割合も、二〇〇二年には三〇・九％も占めていたのですが、二〇一六年にはその半分の二一・七％へとピーク時からおよそ一〇％近くシェアを落としています。[*20]
　アメリカ金融・資本帝国の主役である金融部門の利益が相対的に低下してきているので、もはやアメリカ自身がグローバリゼーションの「中心」を担えなくなっています。

▼「海の帝国」と「陸の帝国」の違い

一方、「EU帝国」は、「実物投資空間」の上で成り立つ「陸の帝国」です。しかも、アメリカ金融・資本帝国はグローバルな「電子・金融空間」を基盤とした「膨張する帝国」であるのに対して、EU帝国は一定の地域に限定された「閉じた帝国」です。

近代の延命を図るアメリカ金融・資本帝国は、世界の隅々まで網をかけて、利益を吸い上げようとしています。それに対してEU帝国は、世界全体に拡大する意図はもともとありません。

EU帝国の根底にあるのは「ヨーロッパはひとつだ」というフランク王国のカール大帝以来の理念で、その理念はキリスト教がもつ普遍帝国だとしても、現実的には「閉じた帝国」となるのです。

世界史を陸と海のたたかいと捉えれば、近代は、「海の国」が「陸の国」に勝利することで幕が開いたのです。しかし現在の状況は、「海の国」の継承者であるアメリカ金融・資本帝国が不調をきたし、EUという「陸の帝国」が近代の主権国家システムを超えていく方向性をもっているように見えます。というのは、世界が収縮していくポスト近代にふさわしいのは、明らかに「閉じた帝国」であって、それを志向しているのがEUだからです。

一方、イギリスは「海の国」です。そして、カール大帝の「フランク王国」の版図にも入っていなかった。イギリスのEU離脱を、ドイツが引きとめもせず、静観しているのは、「陸の国」だけのEU帝国のほうが、より本来の形を目指すことができるからなのです。

▼EU帝国の成否

しかし、だからといってEU帝国が安泰だと言いたいわけではありません。事実、現在のEUはかつてないほどの危機にさらされています。

ギリシャ危機もいまだに解決のメドがついてはいません。また、経済的にはドイツの一人勝ち状態となっていて、EU域内の雇用問題はアメリカよりも深刻です。こうした複数の危機に見舞われているにもかかわらず、加盟国の主権が制限され、国家として身動きが取れなくなっていることに、加盟国の国民は不満を蓄積しているのです。

たとえば、「EU統合は失敗である」と評価する意見のなかには、本来、国民主権国家がもつ民主主義的な決定プロセスがEUでは機能しない、という声が強くあります。民主主義なき欧州がうまくいくはずがないという見方も根強くあります。だから国民国家単位のナショナリズムを求める声が高まっているというのです。実際、イギリスの国民投票で、

EU離脱派が勝利したのは、こうした声に共感が集まったからでした。

もちろん、EU加盟国の主権が徐々に弱められているのは事実です。ドイツ、フランスが中心となって、EUは「帝国」として完成に向かっています。EU本部のブリュッセルの官僚たちが決定した政策を、各国が事後的に承認していくような政策決定プロセスに「民主主義はどこへ行ったのか」と不満が募るのは理解できます。

さらに「EUは結局、域内グローバリゼーションではないか」という批判もあります。ユーロの「南北問題」と言われるように、北の加盟国であるドイツ、フランスが、南の加盟国であるギリシャ、イタリア、ポルトガル、スペインから収奪して利潤を上げている。それはアメリカ金融・資本帝国が、グローバリゼーションによって世界各国から資本を蒐集していることと変わらないのではないか、というわけです。

しかし、「EU帝国」はドイツをはじめとする「陸の国」がほとんどなので、「実物投資空間」を基盤にしています。アメリカ帝国が基盤とする「電子・金融空間」と違い、「実物投資空間」は土地の上に存在します。したがって、利潤はおおむね「実物投資空間」で働く人々に還元されるのです。国民への還元が少ないアメリカ帝国とはそこが大きく異なります。

▼ナショナリズムへの回帰か、超国家的な共同統治か

ＥＵが解体してしまうかもしれないという危機に対して、どのような処方箋がありえるでしょうか。ふたつの処方箋を紹介しましょう。

ひとつは、健全な国民国家へ回帰することで、民主主義を取り戻すというものです。その代表例がシュトレークやフランスの家族人類学者エマニュエル・トッドなどです。そのために「国民国家にまだわずかに残っている余力をとりあえず動員することだ」とシュトレークは言います。「資本主義的進歩の機能主義的随行者にすぎないポストナショナルな民主主義などに望みを託すことはできない[*21]」と。

具体策としては、「ヨーロッパの統一通貨から離脱するということは、とりもなおさず、いわゆる『グローバル化』と一線を画す政治に向かって一歩を踏み出すということだ[*22]」と、統一通貨の解消を主張します。

シュトレークによれば、ヨーロッパの通貨同盟は「グローバル化」そのものであり、民主主義を崩壊させる元凶なのです。

トッドもまた、シュトレークと同様の立場に立って、イギリスのＥＵ離脱を支持してい

ます。彼はEUを離脱した第一の動機が「英国議会の主権回復だった」という投票の出口調査を紹介し、「EU本部が置かれて官僚が跋扈《ばっこ》しているブリュッセル、あるいはEUの支配的リーダーとなっているアンゲラ・メルケル首相率いるドイツからの独立だった[*23]」と分析します。

こうしたシュトレークやトッドが主張する国民国家への回帰という処方箋に対して、真っ向から異を唱えているのが、ドイツの哲学者ユルゲン・ハーバーマスです。

彼はシュトレークの意見を批判的に取り上げながら、「国民国家の主権はとっくに空洞化している[*24]」という根本的な問題を俎上《そじょう》にのせました。

ハーバーマスは、グローバリゼーションがもたらした経済的な混乱、格差の拡大と国民の分断、秩序の危機を認識したうえで、「金融セクターを実体経済の必要性といまいちど結びつけ（略）縮小するという政治的挑戦[*25]」をおこなうために「民主主義的な法制定がもっていた市場規制力を、超国家的次元で生み出すべき[*26]」という結論を出す。

つまり、国民国家の砦に引きこもるのではなく、EUをさらに制度的に深化させて、「市民たちが一方ではヨーロッパ市民、また他方ではそれぞれの加盟国の市民という二重の役割を通じて[*27]」超国家的な共同統治を実現するというのがハーバーマスのヴィジョンです。

▼ロドリックの三つの道は、すべて壁にぶち当たる

しかし、ナショナリズムへの回帰とEUの深化という対立するふたつの処方箋には共通点があります。このふたつの処方箋は、どちらも、EUの形成をグローバリゼーションと捉えているのです。前者はグローバル化したEUを国民国家単位に戻すべきだと主張し、後者はグローバリゼーションをコントロール下に置くためにEUをさらに強固にしろというのです。

そのように捉えてしまえば、EUに対する批判は、アメリカ金融・資本帝国に対する批判とまったく同型になります。EUは結局、ドイツが独り勝ちするミニ・グローバリゼーションであり、ドイツ帝国にすぎないことになるからです。

その困難を解きほぐす手がかりとして、経済学者ダニ・ロドリックの『グローバリゼーション・パラドクス―世界経済の未来を決める三つの道』[*28]を参照してみましょう。

同書のなかでロドリックは「世界経済の政治的トリレンマ」と称して、今後の世界経済は「ハイパーグローバリゼーション」「国家主権」「民主主義」のうちのふたつしか選べな

いことを主張しています。その意味するところは、世界経済は、次の三つのいずれかの道しか選べないということです。

①ハイパーグローバリゼーション＋国家主権（＝新自由主義）
②ハイパーグローバリゼーション＋民主主義（＝世界政府）
③国家主権＋民主主義（＝国民主権国家システム）

ロドリック自身は、③の道、つまりグローバリゼーションに歯止めをかけ、国民主権国家システムのもとで国民経済を強化する方向に期待をもっています。つまり、シュトレークやトッドと同じです。

地球全体を包括するような、②の世界政府の現実性がほとんどないことをふまえれば、たしかに①の民主主義なき新自由主義国家よりも、③の国民主権国家システムの強化のほうが相対的にはマシかもしれません。

しかし、ここまでの説明でわかるように、国民主権国家システムもまた現在の危機を乗り越える選択肢にはなりえません。つまり、現代の世界は、ロドリックの提示する三つの選択肢のいずれをも選ぶことはできないのです。

なぜでしょうか。この三つの選択肢では、「資本主義の終焉」という最大の危機に対処することができないからです。資本主義が終焉を迎えても、すでに国民国家単位の枠を超えてグローバル化した企業の経済活動を従来の国民主権国家システムの時代のサイズに一気に縮小させるわけにはいきません。そんなことをすれば企業はショック死してしまいます。

相互作用のマイナスのほうが大きくなると、地球規模の経済単位は大きすぎるし、だからといって企業活動を一気に収縮させることも不可能です。経済単位と政治単位が一致するのが秩序安定にとって最適なので、食糧、エネルギー、工業製品（生産能力）がその地域で揃う「地域帝国」サイズの単位が、二一世紀の経済単位としては最大となる可能性が高いのです。

一方、資本の希少性が解消しゼロ金利が実現した日本やドイツでは、地域帝国のサブシステムとして国民国家よりさらに小さい単位が大半の企業の活動範囲となっていくでしょう。「より近く、よりゆっくり、より寛容な」社会への移行が起きるのです。

▼人類史上、もっとも深刻な「歴史における危機」

資本の自己増殖が不可能になり、資本主義がその役割を終えようとしている現代においては、膨張や拡大をも終えなくてはならない、ということです。

帝国であれ国民国家であれ、人類は膨張を止めることはありませんでした。しかし、その膨張が止まるのですから、膨張とともに発展してきた資本主義も遅かれ早かれ終焉に至ることは確かです。より根源的に考えるならば、西欧史を貫いてきた社会秩序維持を目的とした「蒐集」という理念が、終わりを迎えようとしているのが現代なのです。

資本主義はもともと西欧で発明された経済システムです。しかし、少なくとも中世までは、西欧は世界の後進国で、中国やイスラム圏のほうがはるかに技術や文化では先進的でした。GDPで比較すれば、一八二〇年に至っても、清朝の経済規模は世界一で、イギリス、フランス、ドイツを凌駕していました。*29

それにもかかわらず、資本主義が、他の地域ではなく西欧で生まれ、発展したのはなぜか。それは、ヨーロッパ文明の根幹には「蒐集」という概念があるからです。

この「蒐集」という問題に鋭く迫った本が、エルスナーとカーディナル編著の『蒐集』です。同書の編者である二人は、「ノアの方舟のノアがコレクター第一号であった*30」と述べています。ノアは洪水後に人類が生きのびるために必要な生物の種を選別し、「蒐集」して方舟に乗せ、危機を回避しました。つまり、ノアは完全無欠な「蒐集」を成し遂げたことで、人類を救済（save）することに成功しました。そこから、"save"が救済転じて「蓄える」という意味をもつようになります。「蒐集」とは人類救済のために蓄えるということなのです。

エルスナーとカーディナルによれば、「蒐集」の対象は、物質と霊魂のふたつがあると言います。「近代初期のヨーロッパで俗権は農奴を集め、教権は霊魂を集めた。（略）資本主義とキリスト教は物質的なものに向かうのと、物質を越えた次元に向かうのと、蒐集の二つの極端を示している」[*31]。

キリスト教は霊魂を「蒐集」し、資本主義は物質を「蒐集」する。しかし、両者は根源的には同じことです。「蒐集」は必然的にグローバリゼーションを志向しますから、霊魂もモノも同時に「蒐集」されていきます。

その「蒐集」は、今までは秩序を維持するためにおこなわれてきました。しかし、フロンティアが完全に消滅し、永続的な「蒐集」が不可能になってしまった今、西欧文明と資本主義は、歴史のうえでもっとも困難な危機にさらされているのです。

一方、国民からすれば、ゼロ金利はこれ以上投資して資本を増やす必要がないというサインです。経済的には「貯蓄＝投資」が事後的に成立するので、貯蓄ゼロで十分な社会に到達したということになります。金利は消費者からすれば、オールマイティである貨幣を手放す報酬、すなわち消費を我慢する代わりに受け取る報酬ですから、金利ゼロは理想の社会が実現したことになるのです。

このことはケインズが『一般理論』のなかで、金利生活者、すなわち資本家階級の「安楽死」と称しています。

▼秩序とは何か――生命の安全・財産保護・信義

スイスの歴史家ヤーコプ・ブルクハルト（一八一八〜九七年）は『世界史的考察』において、当時の視点から世界史を振り返り、西ローマ帝国崩壊、「長い一六世紀」における宗教戦争、そしてフランス革命から普仏戦争に至るまでの三つを「歴史における危機」であると指摘しています。

「歴史における危機」とは、簡単に言えば秩序が崩壊しているということです。秩序が保たれるためには、生命の安全が守られていること、国家や国のリーダーが約束を守ること、財産がきちんと保護されていることが必須の条件です。

ところが、現代ではいずれの条件も満たされていません。

九・一一以降、現在のＩＳに至るまで、世界中でテロが頻発しています。日本では、戦後積み上げてきた憲法解釈を無視するかのように、安全保障関連法案が成立しました。そして貧困や格差が拡大し、国民の財産よりもグローバル企業の利益が優先されています。

私たちが直面している第四の「歴史の危機」は、過去三回の危機に比べてはるかに深刻です。というのは、過去三回はいずれもヨーロッパという限定された地域で起きた危機であり、「新しい空間」を発見すれば乗り切ることができました。

たとえば「長い一六世紀」の危機は、オランダとイギリスが「海」という空間を発見することで、近代資本主義システムへと転換して乗り越えましたし、三度目のフランス革命以降は、国民が新たに市場に参入することによって国内市場が非連続に「膨張」し、植民地主義により海外市場も拡張させました。世界史は、つねに空間を膨張させ、「蒐集」を継続することで、新しい時代へと移行していったのです。

しかし現在は、世界中のどこにも新しい空間＝フロンティアはありません。「蒐集」の歴史を終えなくてはならないのです。つまり、空間を拡大させ、「蒐集」を続けるという過去の方法では「歴史における危機」を乗り越えることはできません。

しいて過去三回の「歴史における危機」と比較すれば、第一回の西ローマ帝国の崩壊が現代の危機にもっとも近い。当時、西ローマ帝国はすでにハドリアヌスの長城で領域を確定し、これ以上空間が広がらない状況にありました。そうしたなかで「周辺」にいたゲルマン民族が豊かなローマ（中心）に侵入したことで、帝国システムが崩壊したのです。

紀元三七〇年代に突然中央アジアからフン族*[32]が黒海の北岸に居住していた東ゴート族（ゲルマン民族の一派）を襲い、三七六年に「ゲルマン民族の大移動」が始まりました。三七八年にローマ軍はハドリアノポリス（アドリアノープル）の戦いでゴート族に大敗を喫し、帝国崩壊の坂を転げ落ちていったのでした。

フン族に追われたゲルマン民族の大移動は、当然もっとも豊かな地へ向かいました。ブルクハルトが言ういわゆる「一種の生理学上の均衡化*[33]」であり、「歴史の危機」は避けられなかったとブルクハルトは指摘しています。

最初の「歴史における危機」からの教訓は、「中心」と「周辺」からなるシステムは、「周辺」が「中心」に入ってくれれば維持できなくなり崩壊するということです。二〇世紀末以降の危機も同じです。従来、「周辺」に位置していた新興国が「中心」に移民や難民として大量に入ってくれば、秩序は維持できなくなります。「中心」において中間層の生活水準が下がり顕著な二極化が起き、「周辺」においても同様のことが起きるのです。

▼アメリカ「無限」帝国とEU「有限」帝国

本章では、アメリカ金融・資本帝国とEU帝国を比較することによって、ポスト近代の条件を考察してきました。

その結果、EU帝国の特色である「閉じた帝国」が、ポスト近代の試金石になることを示しました。しかしそのEU帝国も、今なお近代とポスト近代の過渡的な性格を帯びています。そのために、ドイツが「非公式の帝国」として前面に出てくれば、「中心」が「周辺」を「蒐集」するグローバリゼーションと同じ罠にはまってしまうのです。

それでも、私自身はEUのなかにポスト近代の可能性を強く見ています。

たとえば、暴走する資本帝国の動きに歯止めをかけて債務危機の再発を防ごうと、金融取引税や金融行政の統合策「銀行同盟」など、新しい試みをEUは打ち出しています。また、EU委員会が、アップルに対してアイルランド政府が認めた過去一〇年の税制優遇分一三〇億ユーロ（約一兆五〇〇〇億円）を追徴課税するべきだとの判断を下しました。

こうしたEUの試みと、国境を越えた資本の移動で富を蓄えようとする「資本帝国」が目指す方向はまったく逆のはずです。

EUはイギリスの離脱に反対したり、引き止めたりはしませんでした。なぜなら、「閉じていく」プロセスがEUにとって必要だからです。

欧州周辺の事情で見れば、二〇一三年あたりまで加盟国を増やし、拡大する一方のEUでしたが、そのなかでEU統合を目指すウクライナにおいて、ロシアとの衝突があり、同じくEUへの加盟申請をしていたトルコも変質してしまいました。EUを周辺にさらに拡大することが、秩序の危機を招きよせることは明白となったのです。

地球規模で見ると、どうでしょうか。経済圏が閉じないまま、世界のグローバリゼーションがさらに深化し、「資本帝国」が世界中で富を収奪すればするほど、経済どころか、安全や秩序は脅かされていきます。「資本帝国」の収奪を防ぐためには、経済圏を「閉じる」方向に舵を切る必要があるのです。

第四章　ゼロ金利国・日独の分岐点と中国の帝国化

▼日本とドイツの分岐点

前章では、アメリカ金融・資本帝国とEU帝国との比較を通じて、一九七〇年代後半に迎えた「資本主義の終焉」という、近代システムの危機に対するふたつの対応を検討しました。

アメリカ金融・資本帝国は、近代を延命させるために新たな空間の創設に向かいました。すなわち、政治的には国民国家のまま、「電子・金融空間」を創設し、グローバリゼーションによる富の蓄積を図ったのです。しかし、二〇〇八年のリーマン・ショックによってアメリカ金融・資本帝国は破綻し、アメリカ自体が、資本家や超巨大企業からなる「資本帝国」の使用人になってしまいました。

他方、EU帝国は、アメリカとは逆に、加盟国の主権を制限しながら、経済圏を「閉じる」ことで、近代の危機に対応しようとしました。

その試みは、近代の延命ではなく、ポスト近代システムの実験場という意味合いを強く感じさせるものです。

二〇一六年七月五日に、ドイツの一〇年国債はマイナス〇・一八%と、ドイツ史上もっとも低い金利を記録しました。同じくマイナス金利に突入している日本は、同年七月八日にマイナス〇・二八％と、こちらは世界の金利の歴史上もっとも低い金利となりました。その後、両国とも金利は上昇し、プラスの金利に戻りましたが、依然、ドイツと日本が超低金利のデッドヒートを繰り広げているような状況なのです。

しかし、同じゼロ金利国であっても日本とドイツの描く二一世紀の将来像はまったく異なります。両国が別々の道を歩むようになったのは、じつはアメリカの金融・資本帝国とどう向き合うか、その姿勢の違いにあったのです。

日本はアメリカ金融・資本帝国への従属を続け、ドイツは自ら新しい帝国を創設した。同じ敗戦国という立場でありながら、ドイツが日本に大きく差をつけたその分岐点はどこにあったのでしょうか。

「中心」であるアメリカに対して、日本とドイツはいかに関わっていたのかを見ることで、ドイツ、フランスの「帝国」化と日本の対米従属が浮きぼりになります。

戦後のブレトンウッズ体制下では、米ドルを基軸通貨とし、ドルに対して他国通貨を固定相場で連結する金ドル本位制がとられました。ドルを基軸通貨にするということは、ドルだけが金と交換できるということです。つまり、アメリカは、他国が所有するドルと金との交換を求められた場合には、それに応じなければならず、「一ドル＝三六〇円」で固定されるとともに、「金一オンス＝三五ドル」という交換比率が定められました。

戦後復興を遂げた日本や西ドイツ（当時）の企業にとっては、自国通貨安のまま固定された為替レートは輸出に有利に働きます。自国通貨安のおかげで、国際競争力が高くなった日本と西ドイツの製品はアメリカ市場へ大量に流れ込んでいくこととなりました。

一方のアメリカでは社会保障費用やヴェトナム戦争の戦費などで、大幅な財政赤字を抱え込むことになりました。また貯蓄・投資バランスが投資超過となり、同時にアメリカ製造業の国際競争力が低下し、かつ原油消費量の増大に伴って中東産原油への依存度が高くなるとの見通しから貿易赤字の増大が予想されるようになりました。貿易赤字によってドルは大量に海外に流出し、アメリカはフランスのド・ゴール大統領からの、ドルを金に交換する要求に応じることができないような状態に陥ってしまったのです。

このままでは、アメリカの金は海外へ流出し続けることになってしまう。それを阻止するために、一九七一年八月一五日、ニクソン大統領はドルと金の交換の一時停止を発表しました。いわゆるニクソン・ショックです。これが引き金となって、ブレトンウッズ体制は二年後にあっけなく崩壊したのです。

折しも一九七一年は、インテルが世界初の汎用マイクロプロセッサーを開発した、情報社会化にとっても画期的な年でした。[*1] ITで国境を越える迅速な金融取引がいともやすやすとおこなわれるような「未来」が見えてきたタイミングです。つまり、ニクソン・ショックが金融空間を、マイクロプロセッサーが電子空間を切り開いた七一年は、さしずめ「電子・金融空間」元年と位置づけることができます。

▼アメリカ金融・資本帝国の基盤をつくり、従属していった日本

もちろん、「電子・金融空間」の種は蒔かれたものの、その果実をすぐさま収穫するには至らず、貿易赤字と財政赤字のいわゆる双子の赤字に苦しみます。とくに一九八〇年代に入ると、レーガン大統領が一九八三年に戦略防衛構想、いわゆるスター・ウオーズ計画をぶち上げ、膨大な軍事費の支出を始めました。

そんなアメリカの膨大な財政赤字を支えるためには、国外の誰かが米国債を買わねばならない――。買い支える役目を果たしたのは、巨額の貿易黒字国（貯蓄超過国）の日本とドイツでした。

とくに日本の場合は、「ザ・セイホ」とアメリカでもてはやされた生命保険会社が、米

国債を買い続け、アメリカの軍拡路線を支えたのです。そのあげく、アメリカの財政赤字を減らすための打開策として、一九八五年に発表されたプラザ合意では、当時のG5（米、日、西独、仏、英）がドル安に向けた協調介入を決定しました。

ドル安で巨額の損失を出すことになるのは、巨額のドル債を保有するザ・セイホです。しかし、それでもドル債を手放さなかった。それはなぜか。その損失をはるかに上回るような含み益をもたらす土地・株式バブルが日本国内で醸成されていたからです。その土地バブルによって生まれた巨額の含み益が、アメリカに還流するように仕向けられていったのです。

一九八〇年代における「電子・金融空間」はソビエト連邦という社会主義の帝国と戦って勝利するという目的のための手段だったのですが、ソ連が解体したあとは、「電子・金融空間」の膨張それ自体が目的と化したのです。

ジャーナリスト谷口智彦は著書『通貨燃ゆ』のなかで次のように指摘しています。「日本は自らバブルを創出することによって対米資金還流を積極化し、折りから軍拡を続けていた米国を金融面で支えたこと、その意味で日本のバブル経済化とは、冷戦にとどめを刺そうとしていた米国の覇権を裏から支える国際政治的意味合いを持っていた[*2]」。

つまり、中曽根康弘政権下での不自然な金利抑制政策や内需拡大政策（リゾート開発ブームなど）は、軍事費を日本の資本でまかないたいというアメリカの思惑を忖度《そんたく》した結果だというのです。いわば、一九八〇年代の日本の土地・株式バブルは日米合作の国策でもあったわけです。

プラザ合意以降、過熱するバブルを放置しないために、日銀としては利上げのタイミングをさぐるようになりました。ところが、プラザ合意以降、進みすぎたドル安に歯止めをかけるためにアメリカは、ドルの一層の下落を防ぐべく日本とヨーロッパに対して、今度は、利上げを回避することを要請したのです。これが一九八七年二月のルーブル合意です。

この合意を守るために、利上げすべきときに利上げできず、日本のバブルはさらに加速したのです。一九八七年二月末の日経平均株価は二万七六六円だったのですが、[*3]一九八九年一二月末には三万八九一五円まで急騰しました。

そして、何が起こったのか。一九八九年にフランシス・フクヤマが『ナショナル・インタレスト』に論文「歴史の終わり？」を公表し、アメリカの対ソ冷戦の勝利がほぼ確実となり、ソ連の脅威が遠ざかると、年を越した大発会の市場で、外国人投資家の主導による日本株売りが始まり、バブルが崩壊しました。日本はアメリカ金融・資本帝国を支えたあげく、「平和の配当」を受け取ることもなく、バブル破裂後の「失われた二〇年」に苦しみました。経済の分野でも日本国内の「内政」にあたるレベルまで、アメリカが干渉するようになっていったのです。

マイケル・ドイルの定義[*4]によれば、他国の「内政」に干渉できる力を発揮できるのが「帝国」です。プラザ合意は形の上ではG5の政策協調をとっていましたが、事実上アメリカの日独に対する内政干渉でした。一九八六年に入ると日銀は「乾いた薪の上にいる」[*5]と認識していたにもかかわらず利上げしないで超低金利を続け、いわばアメリカの帝国システムに組み込まれることを日本は是としたに等しい。この時点で日本は、アメリカ金融・資本帝国の傘下に入ることを決めたのです。

▼アメリカ金融・資本帝国から離脱したドイツ

西ドイツの対応は日本と対照的でした。ルーブル合意にNOと言えなかった日本と異なり、西ドイツはアメリカからの利上げ回避要請を振りきって、国内のインフレ対策として利上げを実施しました。ルーブル合意からおよそ半年後、一九八七年九月のことです。

この西ドイツの利上げがアメリカ経済をゆさぶります。あのブラック・マンデーの株価暴落（一九八七年一〇月一九日）を引き起こしたのです。

ルーブル合意に対するこうした日独の対応の違いは、その後の歴史に極めて重大な意味をもっています。他国の中央銀行の政策金利に口を出すという、アメリカの内政干渉に逆らった西ドイツは、アメリカ帝国システムから抜け出すことを選択したことになります。

この選択の違いの明暗をはっきりさせたのが冷戦終結でした。

アメリカ帝国の傘下にとどまることを選んだ日本は、冷戦終結とともに、軍拡ファイナンス部門担当という存在意義を失いました。バブルに浮かれていた日本は、日本の国土ひとつでアメリカ全土四つを買うことができると豪語していました。ところが、アメリカが冷戦に勝利すると、NYのロックフェラー・センター・ビルなどアメリカの不動産を購入していた日本が今度はアメリカにとって脅威となってきたのです。アメリカの政策転換を読みとった外国人投資家は冷戦の勝利が確定した瞬間から、先物市場で株を売り浴びせ、日本のバブルを崩壊させました。

一方、アメリカ帝国を離脱した西ドイツは、この後も電光石火のごとく政治的なカードを切って、アメリカ帝国に反旗を翻し、自ら「帝国」の中心となることを選択していきます。

まず一九八九年一一月にベルリンの壁が崩壊してわずか半年後の一九九〇年五月には、東西ドイツと米英仏ソの六ヵ国外相による会議を実現させ、同年一〇月の東西ドイツ統一に際しては、経済力の比較からすれば、東ドイツマルク一〇に対して西ドイツマルク一の交換比率が妥当だったと言われていたのですが、一対一の等価交換で合併しました。

当時、西ドイツの高値掴《づか》みとの指摘もありましたが、元来、東西ドイツの統一は経済的観点からおこなわれたものではなく、政治が経済に優先した決断だったのです。経済合理性を脇に置いて「陸」を「蒐集」するという、これは「陸の国」ならではの選択でした。

そして、ソ連崩壊から三ヵ月もたたない一九九二年二月にはマーストリヒト条約を締結して、EU誕生をほぼ決定的なものにしました。強い通貨マルクを捨ててEU誕生までやり遂げることができたのは、時代の潮流を読み解き、この機を待っていたからでしょう。

実際、ドイツをはじめ欧州には、ドル基軸体制をはじめとするアメリカの外交・経済政策への不満がくすぶっていました。たとえば、一九五六年のスエズ動乱に際しては、ソ連のエジプトへの介入を恐れたアメリカは、勝利目前のイギリス、フランス、イスラエルに停戦を迫り、結局フランスはスエズ運河の支配権を失いました。フランスは一ヵ国ではアメリカの力にとても対抗できないことを思い知らされたのでした。

一九六〇年代になってドル金本位制の持続性に疑問をもったド・ゴール大統領がドル―金本位制をゆさぶり、結果的にニクソン・ショックを引き起こすなど、機を見てはアメリカが世界に押しつける経済ルールに対抗しようという姿勢が欧州にはずっとあったのです。

▼欧州を「非ドル化」するために

金の裏付けのないドルが変動するせいで、アメリカ以外の先進国の企業の対外貿易は極度に不安定になりました。輸出による売上高もドルの為替レートに振り回されるからです。

金の裏付けがなくとも、ドルは基軸通貨の地位を保ちました。いくらアメリカが世界一の経済大国とはいえ、二〇一五年時点でGDPの総額は世界のおよそ四分の一にすぎない（IMF調べ）。それにもかかわらず、世界各国の外貨準備高のうち、ドルは六三％を占めています（二〇一六年九月、IMF調べ）。過大なドル・プレミアムを発生させるほどドル需要が高いのは、ほとんどすべての資源や農産物などの食糧が、ドルで決済されているからです。ドルを介在させないことには、エネルギーや食糧という国家の生存に絶対的に必要な戦略物資を海外から手に入れることはできないのです。

つまり、ドルが各国それぞれの命運を握っているというのに、その価値を上下させる政策をプラザ合意やルーブル合意という形で、アメリカは他国に押しつけてくる。ヨーロッパはドルを通してアメリカに翻弄されてきたわけですが、ドイツにしてもマルクひとつでは対抗できないため、欧州の統一通貨をつくって安定させたい。それが、ユーロの発端だったのでしょう。ユーロをつくることで、ドイツはアメリカの資本帝国から、距離を置くことに成功したのです。

▼「閉じていく」プロセスの途上にあるEU

しかし、ドイツを盟主とするEU帝国に対しても、近年は「解体の危機」を危ぶむ声が高まっています。EU危機論に共通しているのは、加盟国の主権が制限されることによって、国民国家単位の民主主義が破壊されているというものでした。詰まるところ、「閉じた帝国」のはずのEUも、結局は、グローバリゼーションの暴走を制御できていないという批判です。

二〇一七年四月二三日にはフランス大統領選の第一回投票がおこなわれます。EUおよびユーロからの離脱や移民排斥などを掲げるフランスの極右政党「国民戦線（FN）」の党首マリーヌ・ルペンの支持率が高まって、既存政治家が苦境に立たされています。

一九五二年に西ドイツ、フランス、イタリア、オランダ、ルクセンブルク、ベルギーの六ヵ国（原加盟国）でスタートしたＥＵ（当時は欧州石炭鉄鋼共同体ＥＣＳＣ）のうち第二位のフランスでもし仮にルペン大統領が誕生し、ＥＵとユーロを離脱するとなれば、「陸の同盟」独仏政治同盟の性格が大きく変わってしまいます。

つまり、ドイツ第四帝国の誕生となり、欧州での均衡が崩れることになります。

では、ＥＵ帝国が抱える課題は、どのようにすれば乗り越えることができるのでしょうか。

私は、ＥＵの問題はまだ「閉じていく」プロセスが完了していないことに起因していると考えています。

具体的に言えば、ＥＵ帝国もまだ国民国家と資本主義からなる近代システムを引きずってしまっています。たとえば財政や軍事は統合できていないため、国家単位です。さらに言えば、資本主義を続けているかぎり、ＥＵ内であっても、グローバルに利益を吸い上げる「資本帝国」の収奪から逃れることはできません。

ＥＵ帝国が直面している危機は、決して他人事ではないのです。そこで次章では、ＥＵ帝国の問題をさらに敷衍《ふえん》して、ポスト近代システムの方向性を探ってみたいと思いますが、しかしその前にもうひとつ、虎視眈々《こしたんたん》と「帝国」化を目論む中国について見てみましょう。

▼二一世紀の中華帝国？

外交に影響力を行使する国を覇権国として捉えれば、中国は南沙諸島や尖閣《せんかく》列島の領有権を主張しているものの、周辺国はそれを認めているわけではないので、中国は覇権国ではありません。しかし、経済面から見れば、中国の「帝国」化はある程度進んでいるように見えます。

世界経済全体が変調をきたした二〇〇八年のリーマン・ショックに際して、中国は四兆元（当時の為替レートで五七兆円）という巨額の公共投資をおこないました。そのおかげで、一九三〇年代のような「大恐慌」に世界全体が陥らないで済んだことはよく指摘されます。購買力平価ベースで見たGDPも二〇一四年に中国がアメリカを追い抜きました。*6

とはいえ、中国が世界経済を牽引《けんいん》する役を担えるかどうかの評価については、二〇一〇年代以降、疑問が投げかけられるようになりました。

理由は、中国の過剰生産力の問題が明らかになってきたからです。そして、起こるべくして起きたのが、二〇一五年六〜七月と二〇一六年一月の二回のチャイナ・ショックです。

上海総合指数は株価のピークから半年で四九％も下落[7]したので、株式バブル崩壊と言えます。その後は上昇基調ですが、回復テンポは緩やかです。

それでも、世界には、中国が世界経済を牽引していくのでは、という見方があります。後に述べるＡＩＩＢ（アジアインフラ投資銀行）に希望を寄せる国も数多く、イギリスまでもが参加したのは周知の通りです。これこそが、現代の「中華帝国」なのではないか、という期待です。

▼中国経済の根本問題は「過剰」

中国の抱えるもっとも深刻な問題のひとつは過剰生産力であって、株式バブル崩壊ではありません。中国のエネルギー経済の研究者である帝京大学経済学部教授の郭四志は、「特に鉄鋼、石炭、セメント、電解アルミ、板ガラスの五産業でその過剰能力が際立っている。中でも、（略）鉄鋼・石炭産業の過剰は深刻化しており、稼働率はわずか六割程度[8]」と指摘しています。

たとえば、中国の粗鋼生産量は二〇一五年で八億三八二万ｔ[9]なので、世界の四九・六％を中国一ヵ国で生産している計算になります。八億ｔの鉄鋼を生産しても六割の稼働率なのですから、「過剰」生産能力が五・四億tにものぼるわけです。

中国の「過剰」生産力は粗鋼などの素材産業にとどまらず、加工産業の代表である自動車においても顕著です。中国自動車産業では「二〇一五年のメーカー各社の生産能力は前年より二割以上多い計約五〇〇〇万台に増える見通し」[*10]である一方で、二〇一五年の新車販売台数は二四六〇万台なので二五〇〇万台分の過剰生産能力を抱えていることになります。

中国経済のストックとしての過剰生産力は、毎年の過剰な設備投資の帰結です。中国の総固定資本形成の対名目GDP比率は二〇一一年に四七・三%でピークをつけましたが、[*11]二〇一六年においても四五%程度に高止まりしていると推計できます。[*12]

先進国の総固定資本形成（実質ベース）を見ると、日本が一九七三年度に記録した対GDP比三二・四%がもっとも高い比率ですから、GDPの半分を投資が占めるという状態が長きにわたって続いている中国は、明らかに過剰投資です。

過剰設備かどうかを判断する代表的な指標である資本係数を見れば、中国の過剰生産力の問題がいかに深刻であるかがわかります。

資本係数は、〈民間企業資本ストック÷実質GDP〉の値であり、その意味するものは、

図16　中国の資本係数

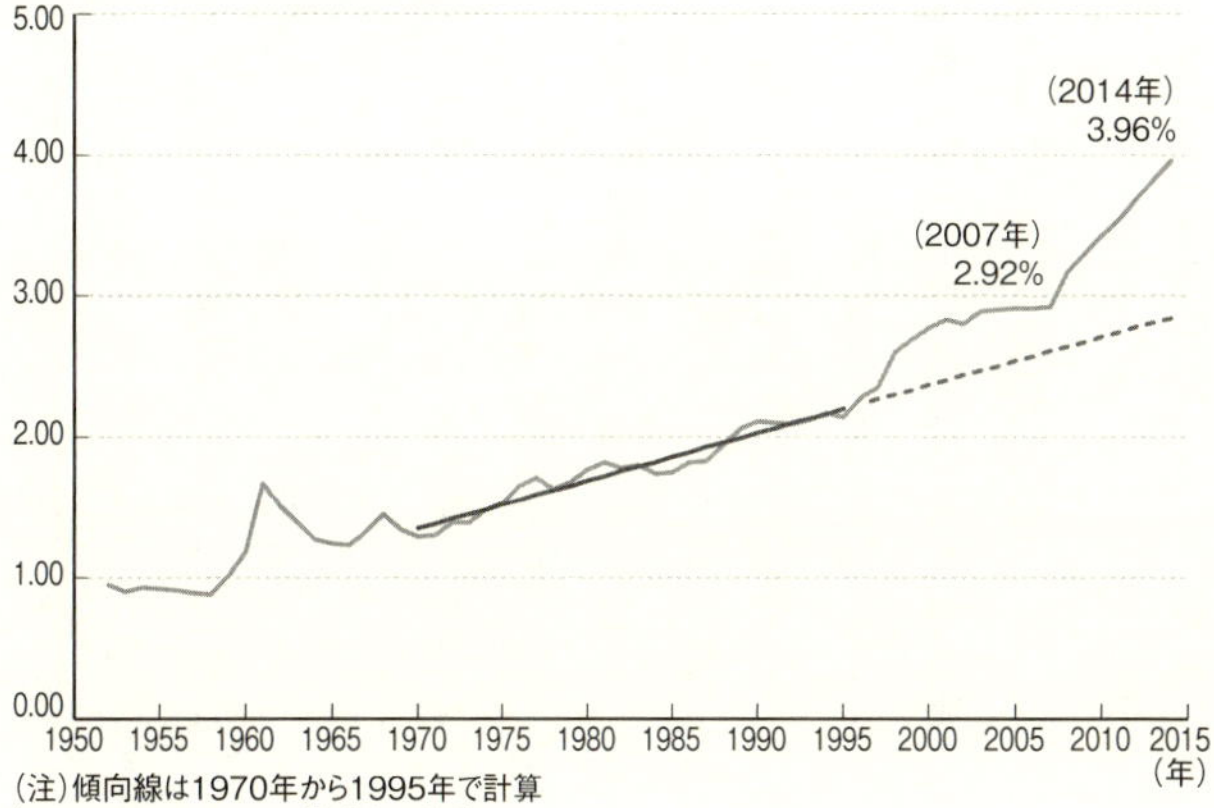

(注)傾向線は1970年から1995年で計算
"Penn World Table 9"をもとに作成

一単位のＧＤＰを生み出すのにどれだけの資本ストックを保有しているかという比率です。したがって資本係数が高くなっているときは、資本が効率的に利用されていないことになり、ある限度を超えると、生産力が必要以上に過剰になっていることを示します。

中国の場合、民間企業資本ストックの統計が公表されていないので、正確な資本係数はわかりませんが、ペンシルベニア大学が創設した"Penn World Table"[*13]というデータベースを使って、資本係数を概算することができます。

中国の資本係数の推移を見ると、図16のように、一九九六年以降に急上昇を始め、とりわけリーマン・ショック後には飛躍的に伸び、二〇一四年には三・九六となりました。現在、先進国のなかでもっとも資本係数が高い日本の三・九五をも上回るようになったのです。日本に次いで第二位のドイツは三・七四です。日独ともに過剰生産が問題になっていますが、中国は日独よりも問題が深刻なのです。

しかし、過剰生産にも限度があり、その限度を無視すれば、国家は解体します。計算上も、資本係数が上昇し続けることはありえません。たとえば、中国の総固定資本形成の対GDP比は一五八頁で試算したようにおよそ四五%ですが、今後も実質GDPが年六・五%、実質総固定資本形成が年八%で増加していけば、五八年後には、実質総固定資本形成の対GDP比率が一〇〇%を超えてしまいます。各年の資本の形成がなければ、資本ストックの上昇は止まり、したがって資本係数の上昇も止まります。

これは何を意味するのでしょうか。総固定資本形成が、GDPの一〇〇%を占めるということは、民間最終消費支出などが一切ない、という状態です。一〇〇%までいかずとも、軍需産業部門の総固定資本形成が膨らんだ結果、国民が求める消費財が消え、国家が解体したのがソビエト連邦でした。

▼日本の過剰生産問題

ここで日本の過剰生産問題の推移についても振り返っておきましょう。

バブル崩壊の影響によって一九九〇年代後半に過剰生産能力が深刻化した日本ですが、二〇〇三年から二〇〇七年にかけては、輸出が増加し、資本係数は低下しました（＝資本の生産性の向上）。ユーロ統一によるEU内での陶酔的消費、BRICsの台頭、アメリカの不動産バブルなどが重なり、輸出主導によって日本の過剰生産力はある程度解消されてきたのです。

資本係数が二ないし三以上という経済構造は、国外に輸出の受け皿となる巨大市場が存在するか、国内で高度経済成長を続けないかぎり維持できません。

小泉政権（二〇〇一年四月〜二〇〇六年九月）とほぼ重なって、日本は戦後最長の景気回復（二〇〇二年一月〜二〇〇八年二月、七三ヵ月）を実現し、二〇〇二年から二〇〇八年までの六年間の実質GDP成長率は年平均で一・五％でした。この成長の内訳を見ると、七三％を輸出要因で説明できます。

しかし、成長の七三％を輸出で説明できるということは、輸出以外の公共投資、個人消費、住宅投資などは、年平均〇・四％しか成長していなかったことになります。

リーマン・ショック後は輸出も減少し、現在に至るまで、資本係数は再び上昇に転じています。しかも資本係数が年平均で〇・〇三ポイントの上昇ですので、一九九〇年代後半の過剰設備とほぼ同じ状況にあり、*14パネル産業の大リストラに象徴されるように過剰生産の調整は終わっていないことになります。

▼チャイナ・ショックと日本のバブル崩壊との類似点

中国の場合は、「世界の工場」であるかぎりは、世界全体が自国の市場となり、輸出が増加することで生産設備は稼働するため、生産力が「過剰」となることはありません。

しかし、近代が終わりに向かっているとなれば、世界が成長することは無理であって、輸出主導の経済を続けることはできません。そうなれば内需主導の経済へと転換をしなければなりませんが、現在の中国の内需では、異常なまでに膨れ上がった生産力を吸収できません。その結果、不稼働資産となって、中国企業の経営を悪化させます。バックに中国共産党の力があって、企業の経営不振を国家財政で肩代わりすることができるため、すぐに実体経済に悪影響を与えることがないというだけなのです。

市場が大きくなっていないにもかかわらず固定資本への投資が続けば、投資は回収不能となり、やがて経済全体が崩壊するのは目に見えています。おそらく二〇一二年に経済成長率が八％を切った時点で、中国の経済モデルは維持できない状態にすでに陥っていました。

その意味で、二〇一五年のチャイナ・ショックは、中国が長い低迷期に入ったことを明確に物語るものです。

ただし、チャイナ・ショックは、アメリカで起きたリーマン・ショックと異なり、短期間で一気に信用不安に達するものではありません。むしろチャイナ・ショック以降の中国経済は、バブル崩壊後の日本経済と近いプロセスをたどっていくことになるでしょう。

両者はどのように異なるのでしょうか。

リーマン・ショックの本質は証券化商品を中心とする信用バブルの崩壊でした。金融商品が問題であっただけに、その流動性が失われたことで金融機関の資金繰りがつかなくなり、一気に信用不安、金融危機に発展していったのです。

一方、日中のバブル崩壊では、株式など金融商品の占める割合は比較的小さく、地価高騰による不動産バブルが中心でした。地価の下落によるバブル崩壊は、すぐには表面化せずに、小手先の先送りが可能となります。

日本の場合、担保価値が低下したことによる信用供与の収縮、不動産業者の倒産による金融機関の経営悪化などを経て、不良債権問題が徐々に銀行経営を圧迫していきました。実際、日本で地価が下落に転じたのは一九九一年のことですが、その後、公共投資の増加や不良債権の「飛ばし」もおこなわれ、数年は表面的にはバブル崩壊が深刻な金融危機につながることはありませんでした。

金融危機が表面化してきたのは九五年の住専問題以降であり、最終的に処理が終了したのは、二〇〇三年のりそな銀行、足利銀行への公的資金投入の時点ですから、バブル崩壊から一〇年以上経っています。

おそらくチャイナ・ショックも、日本同様のプロセスをたどるはずです。つまり、数年かかって徐々に経済への影響が明らかになり、処理が終わるまでに一〇年以上の長い期間を要することになるでしょう。

▼設備バブルの崩壊はこれからやってくる

中国の景気後退が問題なのは、日本のバブル崩壊後の「失われた二〇年」とは異なり、世界経済全体に大きな影響を及ぼすということです。その理由は、中国がグローバリゼーションの最終局面の真っ只中《まただなか》で日本を上回る過剰生産力を積み上げたことに求められます。

具体的にはこういうことです。グローバリゼーションのもとでは、人々の「貯蓄」が利潤を求めて、国境を越えていきます。一九九七年のアジア通貨危機以降、ヨーロッパと日本の過剰な貯蓄がウォール街に集まり、アメリカの株価が上がりました。アメリカの株価が上がることによって、投資家はリスクを取れるようになります。

そこでウォール街のマネーが向かった先が中国でした。アジア通貨危機に際して、中国は人民元を安くして輸出競争に乗り出すことがなかったため、他のアジア諸国と比べて相対的に中国に対する評価が高まっていった。こうして集まった世界中のマネーを元手に、中国は過剰生産力を積み上げていったのです。

生産力の拡大は、それに見合う内需拡大があれば過剰とはなりません。しかし内需を超えて生産力が拡大するならば、その吸収先を海外に求めなければならなくなります。

日本の高度経済成長期は内需が拡大し、まがりなりにも「一億総中流」を達成することができた時代です。いわば、生産力と内需の釣り合いが取れていたわけです。そして、一九七〇年代初頭のオイルショック以降、過剰生産の傾向が強まり、外需主導経済へと構造が変わっていきました。ただ日本の外需は、購買力の高い先進国向けの輸出だったので、購買力の内外格差は一定範囲内に収まっていました。

ところが中国の場合、GDPの半分近くを総固定資本形成が占めているので、個人消費が相対的に伸びず、日本の高度成長期のように内需が十分に拡大しないうちに、一気に世界の過剰マネーが集まってしまいました。しかも先進国との購買力の格差が大きく、先進国の一ドルや一円は自国に比べて中国内では五〜一〇倍の購買力をもっていたため急速に生産力が増大したのです。その結果、内需ではとうてい消化しきれない過剰生産力を中国は抱えることになりました。

中国の購買力を見るために一人あたりGDP（一九九〇年国際ドル基準）を参考にすると、二〇一〇年の段階で八〇三二ドルとなり、日本の高度成長が終わる直前の一九六八年の七九八三ドルと肩を並べました。[*15] 五〇年近く前の日本と現在の中国との大きな違いは、日本が当時過剰生産を抱えていなかったことと、「一億総中流」と言われたように格差が収斂《しゆうれん》していく方向にあったという点です。中国はまったく当時の日本と正反対であり、それだけ深刻だということです。

実物経済で成長が見込めなければ、過剰なマネーは土地や株式に流れ込んでいきます。中国ではまずチャイナ・ショックという形で株式バブルが崩壊するというプロセスをたどりました。しかし、新築住宅価格はバブルではないかと心配するほどに上昇し続けています。

おそらく今後、住宅バブルが弾けると、海外資本のみならず、外貨準備の急減に見られるように中国資本も徐々に逃避していくでしょう。そして先進国と新興国の経済がともに落ち込んでいる現状では、過剰生産力を輸出で吸収することもできません。

過剰生産力が吸収されなければ、当然、過剰債務が積み重なっていきます。先述の郭四志によれば「中国全体の債務残高は（略）GDPの二・四倍以上の約二六兆ドルに達している。このうち企業債務は一七・二兆ドルに膨らみ、米国の企業債務の一二・五兆ドルをはるかに上回る」*16と言います。

したがって、積み上がった過剰生産力がもたらす過剰債務が行き詰まった段階で、設備バブルの崩壊が起き、その影響が世界中に及んでいくことになるのです。

もちろん、中国共産党も中国経済が転換期にあることは十分認識しているはずです。というのは、中国同様に過剰設備を抱えたあげく崩壊した、共産主義国ソ連の前例があるからです。

しかし、ソ連は中国のように「世界の工場」になることはできなかった。ポーランドやチェコといった東欧だけでは、過剰生産力を吸収することはできません。その結果がソ連解体です。過剰生産は国家を破壊するのです。

過剰な生産能力を抱えた中国経済は、ソ連の二の舞いにならないようにどうするでしょうか。単純に考えれば、内需や外需を拡大するほかありませんが、内需だけではとうてい対処することができないことは明らかです。そこで解決は外需に求めるほかありません。

それが、二〇一四年に中国が提唱した「一帯一路」の経済圏構想です。いわゆる「実物投資空間」を中国が「帝国」となって新たにつくろうという宣言なのです。

▼「一帯一路」構想は海と陸のフロンティアになりうるか

「一帯一路」とは何か。一帯とは、中国から中央アジアを経由して欧州まで伸びる「シルクロード経済ベルト」であり、一路とは、中国沿岸部から東南アジア、インド、中東、アフリカ、欧州に至る「二一世紀海のシルクロード」のことを意味します。したがって、中国は陸と海の両面から、自らの経済圏を拡大しようとしているわけです。

そのための資金源が、二〇一四年から二〇一五年にかけて設置したシルクロード基金やＡＩＩＢです。ＡＩＩＢはアメリカの圧力を無視して、全世界から計五七ヵ国が参加することになっています。Ｇ20のなかで不参加なのは、もはやアメリカと日本、そしてメキシコ、アルゼンチンだけ、という状況です。
その意図するところは、中国自身が投資家となって、需要を創出することにあります。アメリカが金融・資本帝国として、世界から集めたマネーを新興国に投資したように、中国は陸と海の両方から投資して巨大な経済圏をつくり出そうとしているのです。経済圏が拡大すれば、かつて一九九〇年代にアメリカが世界のマネーをウォール街に集めて繁栄を謳歌《おうか》したように、中国が人民元をアジアの基軸通貨にすえ、アジアに対して同じようなことをおこなっていこうという狙いも透けて見えます。これぞ、現代の中華帝国です。

しかし中国が描いているシナリオは、あまりに実現性に欠けます。もはや中国の生産力を吸収できるだけのフロンティアは「一帯一路」のなかにも残されていないからです。

海の道は、二〇一六年七月にオランダ・ハーグの仲裁裁判所が、中国が主張する南シナ海の領有権問題について、中国の国連海洋法条約違反を訴えたフィリピンの主張を認める判決を下したばかりです。判決に対して、中国は強く反発していますが、国際世論を考えると、中国の帝国化は近隣諸国にすぐに認めてはもらえないようです。

さらに中国が積極的に進出している「最後のフロンティア」と言われるアフリカでは、八億人がサハラ砂漠より南側に住んでいて、そのうちの約五割の人が一日一・九ドル未満で暮らしています。こうした地域の国々では政治が不安定であり、十分な経済活動をおこなうことができません。

陸の道も、ISなどイスラム過激派のリスクがあり、簡単に「一路」を築くことはできません。またアメリカやイギリス、EUも閉じる方向に向かっているので、大きな需要創出は見込めません。

そうなると、中国を待ち受けているのは、バブル崩壊後の日本と同様、長期にわたるデフレや低金利です。その影響は他の新興国のみならず、先進国にも及びますから、世界デフレが半永続的に進行する。それはすなわち前章までで述べたように、投資機会の消滅に向かっているということになります。

▼近代を始めたばかりの中国

表層的には、中国はEUと同じような「地域経済圏」をAIIBを通して実現しようとしているようにも見えます。しかし、EUと中国では、根本の部分で大きく違います。

前章までの分析では、EUをはじめ先進国では、「近代からポスト近代への転換」が起きていることを説明しました。おそらくそのポスト近代の時代とは、中世的な要素をたぶんにもつ世界の登場なのです。

ところが、現在の中国は、むしろ近代を始めたばかりの存在です。ちょうど「長い一六世紀」に新興国として存在したイギリスによく似ているのです。

当時のイギリスで何が起きたのかを見てみると、彼の地では、「長い一六世紀」に入ってすぐに消費者物価が上昇し、一六四八年のウェストファリア条約後、デフレに転じました。つまり、実物経済の中心が先進国から新興国へ移行する過程で、新興国ではインフレが起き、キャッチアップが終わると、今度は新興国もデフレに変化するわけです。

当時の先進地域であったイタリアやスペイン、南フランスなどは一六〇〇年が物価のピーク[*17]であり、そこからデフレに転じました。したがって、新興国イギリスは約五〇年遅れてデフレを経験したことになります。

グローバリゼーションが進んだ現代では、当然、新興国のキャッチアップも速い。現代の先進国では、一九九七年から日本のデフレが始まっていますから、約四半世紀を経て、中国がデフレに転じてもまったく不思議はありません。中国の消費者物価は二〇一一年には前年比五・四%増だったのですが、二〇一六年には同二・〇%増にまで鈍化しています。近代化の最後の国、中国がデフレになるとき、資本主義はその最終局面に入ることになるはずです。

そのときに発生するバブル崩壊の衝撃の大きさを推し測るには「長い一六世紀」に起きた事件が非常に参考になります。

一七世紀ヨーロッパ諸国を波状的に襲ったデフレは、ヨーロッパに大きなバブルを発生させました。

一六三七年には、オランダ、当時のネーデルラント連邦共和国で「チューリップ・バブル」が発生し、一七二〇年には、イギリスで「南海泡沫事件（サウス・シー・バブル）」と呼ばれる、異常な株式高騰とその崩壊が起きています。

当時の新興国であるオランダとイギリスには、先進地域であったイタリアなど「地中海世界」で投資機会がなくなった資本が大量に流入してきました。

チューリップ・バブルは三〇年戦争の最中、経済の中心が先進地域（イタリア）から新興地域（オランダ）へと入れ替わる過程で起きた事件でした。その混乱は、リーマン・ショックをしのぐほどだったことが知られています。一七二〇年のサウス・シー・バブルもまた、オランダからイギリスへと覇権が移行する時代のことです。

一八世紀以前のバブルと現代のバブルを対比したとき、どのような示唆を得られるでしようか。

二〇〇八年のリーマン・ショックは、あくまで先進国側で発生したバブルの崩壊です。これは歴史的に見れば、「長い一六世紀」のイタリア都市国家で起きたバブルに相当します。当時のイタリアでは、金余りを背景とした土地投機ブームとその崩壊が、各地で発生しました。

オランダとイギリスのバブル崩壊は、イタリアのそれをはるかにしのぐものです。この類似性を見るならば、巨大なバブル崩壊の危機は、先進国バブルの崩壊後に起こることがわかります。すなわち、より規模の大きなバブルとその崩壊は、先進国側ではなく、資本が流入する新興国側で発生する可能性が高いのです。

しかも現代は、かつてないほどマネー過剰の経済になっています。マネー過剰の経済では、バブルが発生して膨れ上がっていく局面で設備投資や雇用が増加し、それが崩壊すると一気に需要が減り設備過剰となって、工場の稼働率が下がり、リストラがおこなわれ、デフレとなります。このとき当然、工業の原料である鉱物資源も価格が急落しますから、中国の本格的なバブル崩壊は、ロシア、ブラジルなど他の新興国にも及ぶことになるでしょう。

先進国はすでにデフレ状態ですから、ここにＢＲＩＣｓが加われば、世界デフレはほぼ完成することになるわけです。そのとき、中国も含めて世界の金利がゼロ、ないしマイナスとなる時代が到来するでしょう。中国は、「一三億総中流」を実現する前に近代＝成長の時代が終わってしまうという最悪の事態を迎える可能性が高いのです。

第五章　「無限空間」の消滅がもたらす「新中世」

▼資本主義と政治秩序の関係

一九七〇年代になると、先進国の成長率は大きく鈍化しました。近代は成長することで秩序を維持してきたわけですから、成長率が長期にわたってほぼゼロになればそれは近代の危機そのものです（二二〇頁・BOX2参照）。

一九八〇年代から二一世紀の現在に至るまで、「三年に一度」[*1]のバブルを繰り返しながら、資本主義は延命を図ってきたのです。

しかし、資本主義は一三世紀の中世封建社会に産声をあげていますから、資本主義と近代とを同一視することはできません。ならば、「資本主義の終焉」とはいったい何を物語っているのでしょうか。その答えを出すためには、近代システムと資本主義の関係を整理する必要があります。

中世から近代へ移行するとき、すなわち中世封建制社会の危機（「長い一六世紀」）において、資本主義はなぜ生き延びたのか。それをまず考えないと、ポスト近代、すなわち近代の危機において資本主義の行方を予想することはできないのです。

中世システムにおいては、資本主義は「周辺」に位置づけられていました。

当時の資本家はいわゆる「高利貸し」（商人）です。中世社会の「中心」はキリスト教関係者と封建貴族で、「周辺」に農民がいたのです。さらにその「周辺」の外側に高利貸し、娼婦《しょうふ》、宿屋がいました。これらの三つの職業は、キリスト教や封建貴族から、忌み嫌われる存在でした。

年一〇％以上の金利をとる高利貸しは、教会や貴族にとってライバルとなる危険性があったため、教会は利息をとることを禁じていました。商人のほうが教会や貴族よりも富を蓄積する術《すべ》に長《た》けていたからです。

一二～一三世紀になると、都市化が進み、貨幣となる銀や金が不足してきました。銀や金の代替物であった胡椒[*2]はインドの西南地方に行かないと手に入らなかったので、危険が伴う「東方貿易」に投資する人に利息（当時は利潤が混在）を払わざるを得なかったのです。そのかわり、教会は商業目的の会社には法人格を与えず、商人が資本を蓄積することを原則的に認めませんでした。[*3]一代限りのパートナーシップ（組合）だけを許し、高利貸しが一代で築いた富は相続の段階で、教会や貴族が没収したのです。

一七世紀になって、オランダ、イギリスがスペイン＝イタリア連合にとって代わったとき、資本主義が中世封建制と一緒に葬り去られなかったのは、中世においては商人も資本主義も「周辺」に位置していたからです。

このように「長い一六世紀」を境に、経済においては資本主義が継続する一方で、政治体制には断絶がありました。すなわち、中世の帝国システムは崩壊し、主権国家が各々国境線を定めて、国家は対外的には対等の関係をもつようになった。つまり、資本主義と主権国家システムは自動的に一致するものではないのです。

▼帝国の分裂で生まれた「人類史上最大の誤り」

もちろん、「より遠く、より速く、より合理的に」を行動原理とする近代システムと「より多く」を求める資本主義には親和性もあります。「より多く」の資本を蓄積するためには「より遠く」に投資することが不可欠だからです。つまり、資本主義は、もともとグローバルな指向をもつものです。胡椒の歴史がそうであったように、資本を極大化するには、遠くに行けば行くほどよい。自分たちがもっていないものが手に入るからであり、それが価値の源泉だったのです。

従って、資本主義が機能するためには、世界秩序が安定していることが不可欠です。[*4]

ところが、ここに主権国家（国民国家）と資本主義からなる近代システムの致命的な欠陥が隠れています。近代というシステムのなかでは、じつは、世界秩序に直接責任をもつ主体がいないのです。

一方、閉じた「地中海世界」が「世界」そのものだった中世では、ローマ法王がスペイン世界皇帝と「世界」秩序を維持していました。では、なぜ世界秩序について責任をもつ主体が存在しないシステムが誕生してしまったのでしょうか。

この点に関して非常に示唆的なのは、法哲学者の長尾龍一の、主権国家システムを導いた一六四八年のウェストファリア条約に対する評価です。

「帝国の『主権国家』への分裂は、世界秩序に責任をもつ政治主体の消去をもたらした、人類史上最大の誤りではないか[*5]」

長尾龍一はこのような衝撃的な問題提起をおこなうのです。

一五一七年のルターの宗教改革から一六四八年のウェストファリア条約が締結されるまでの約一三〇年間、教義の違いによる激しいたたかいがヨーロッパでは繰り広げられました。このたたかいを終結させるために、「宗教から独立した領域を承認し、それを基礎として現世に秩序を形成しようとする運動[*6]」として主権国家が登場したのです。

実際、フランスの思想家ジャン・ボダン（一五三〇～九六年）が『国家論六篇』によって主権の概念を定式化したのは、このたたかいのさなかの一五七六年のことでした。ボダンは、宗教改革による神学論争を棚上げするためには、現世の秩序の問題である政治を宗教問題から切り離さなければならないと考えたのです。

つまり、主権国家とは、血みどろの宗教戦争を棚上げするための試みだった。それを何とか実現する共同体をつくろうと考えたときに、神聖ローマ帝国では大きすぎるし、イタリアに存在した都市国家では小さすぎる。その結果いわば消去法的に、主権国家が誕生し、国境を画定していったのでした。

畢竟《ひっきょう》、主権国家システムとは、この「長い一六世紀」の後半の危機を乗り越えるための応急処置にすぎないものでした。それにもかかわらず、主権国家システムは抜本的に見直されることなく、現在に至るまでずっと続いてしまったのです。

ボダンの考えが現実の形となったウェストファリア条約は「神聖ローマ帝国の死亡証明書」とも呼ばれます。「帝国」を終わらせ、「長い一六世紀」となった「歴史の危機」がようやく収束したのでした。こうして近代主権国家システムの時代が幕を開けたのです。

▼「世界的公共財の担い手」を欠く主権国家システム

ところが、主権国家システムは、国内秩序を維持するには優れたシステムである反面、先述したように世界秩序を維持するには不十分なものです。数多くある国民国家のなかでもっとも高い生産力のある国が覇権国[*7]となることで、かろうじて安定した世界秩序を維持してきたにすぎません。これは裏を返せば、覇権国が圧倒的な生産力を保持できなくなったときに、世界秩序が乱れるのは必然だということです。

実際、ウェストファリア条約以降、一時的な安定はあったにせよ、数多くの戦争が生じることとなりました。二〇世紀には、ふたつの世界大戦によって、地球規模の荒廃がもたらされました。

なぜこのような誤りが起こったのか。長尾龍一は言います。「世界の部分秩序」にすぎない国家を「『主権』という、唯一神の『全能』の類比概念によって性格づける国家論」が「基本的に誤った思想」だったからだと[*8]。

「現在の主権国家システムの最大の欠陥」が「世界的公共性の担い手を欠いていること[*9]」であるのは明らかです。

たとえば、国家を自由に瞬時に超える巨額のマネーについて、ひとつの国家ではまったく手に負えなくなっており、バブルを多発させたり、資源価格を高騰させたりする過剰マネーをコントロールする世界的な公的機関は存在しません。「パナマ文書」でその一部が明らかになったように、グローバル企業が租税回避手段を駆使していても、それを管理・抑制する「世界的公共性の担い手」はいないのです。それどころか、資本主義国家の中枢であるシティやウォール街がタックス・ヘイブン化しているのが現状です。*10

▼平等を求める主権国家システムと不平等を生む資本主義システム

主権の概念が変遷する際に、資本主義がどのように関わっていったのかを考えることが重要です。主権国家システムは、主権をもつ諸国家がそれぞれ対等だという建前の上で成り立っています。つまり、対外的には国家同士が平等に権利を主張し合うシステムです。

一方、対内的な意味での主権は、フランス革命を経て国民主権へと進化しました。国民国家の誕生です。国民国家においては、かつては国王と貴族しか味わえなかった「贅沢《ぜいたく》」を国民全員が平等に求めるようになりました。

欲望に限界はないので、人々は「過剰」な要求をします。民主主義のもとでは、施政者はそれに応えなくては、政権の維持ができません。「民主主義は『大量』の物質を必要とする」*11という宇宙物理学者、佐藤文隆の言葉は至言です。

つまり、主権国家システムと民主主義が一体化した国民国家システムにおいては、国際社会では国家間の平等が要請され、国内では国民の間の平等が求められるものです。

ところが、歴史的な事実としては長らく国民国家システムと伴走してきた資本主義の本質のベクトルは、逆の方向を向いています。

資本主義は、「中心」と「周辺」から構成され、「周辺」つまり、いわゆるフロンティアを広げることによって「中心」に富（資本）を「蒐集」することで、資本の自己増殖を推進していくシステムです。「中心」が「周辺」から利益を吸い上げる以上、必然的に不平等が生まれます。

しかし、われわれの生きる「長い二一世紀」においては、国民の所得を増加させる「実物投資空間」の膨張が止まろうとしています。そうなれば、国民と資本の間に軋轢《あつれき》が生ずるのは必然です。

平等が要請される国民国家システムと格差を生んで資本を増やす資本主義が矛盾を露呈することなく両立できるのは、「実物投資空間」が無限で経済が成長し続ける場合においてのみなのです。

「長い二一世紀」とは、無限に「蒐集」できる空間が消滅する時代であり、空間の有限性を前提とする時代のことです。「無限」から「有限」へ、という変化が起きているのです。

そして、逆の変化が起きたのが、中世から近代への転換期である「長い一六世紀」でした。すなわち、「有限」から「無限」へ、という認識の変化です。

▼「コペルニクス革命」が政治と経済の脱中世化を進めた

「長い一六世紀」に起きた、その認識の変化の背景には、中世の宇宙観の大きな転換がありました。コペルニクス（一四七三～一五四三年）をはじめとする科学者による宇宙観の大転換、いわゆる「科学革命」[*12]の思想が、政治にも経済にも及び、国民主権国家も資本主義も、強固になっていったのです。

キリスト教が支配する中世社会は、アリストテレス（前三八四～前三二二年）の哲学をベースにした「秩序のある閉ざされた宇宙（コスモス）」という宇宙観をもっていました。「特別な存在」である不動の地球を中心として、月、水星、金星、太陽が回っており、円の一番外側で宇宙は「閉じている」。この中世的宇宙論で重要なのは、宇宙が階層的な構造になっていること、そして同時に「閉じている」という認識です。

この中世的宇宙論を打ち破ったのが、コペルニクスやケプラー、ガリレオ、ニュートンでした。彼らが「コペルニクス革命」と呼ばれる宇宙観の大転換を科学的に裏付けていきました。「コペルニクス革命」の意義は次の二点です。

第一に、それまで特権的だった地球を金星や木星と等価なものとしました。つまり、宇宙は「均質」な空間になった。

第二に、宇宙は、「閉じた空間」ではなく、「無限空間」であるということです。

こうした宇宙観の転換は、政治システムと経済システムにも大きな影響を与え、一変させました。

宇宙が「均質」な空間であるという発見は、政治的には、主権国家システムの成立として帰結しました。中世ローマ・カトリック社会においてローマ教皇を頂点としていた階層構造は解体され、「均質」な空間においてそれぞれの国家は対等であるとする主権国家システムがウェストファリア条約で成立したわけです。

そして一六四八年のウェストファリア条約締結の三年後には、ホッブズが『リヴァイアサン』のなかで社会契約論を提出し、その後のロック、ルソーを経て、国家の均質性のみならず、国民の均質性を謳う国民国家や民主主義の理論が打ち立てられていくことになります。

宇宙が「閉じた空間」ではなく「無限空間」であるという認識の変化は、経済システムにも多大な影響をもたらしました。つまり、第三章で述べた資本主義の「空間革命」に帰結したのです。

大航海時代が始まって、地球の空間の認識についても、それまでの閉じた狭い「地中海世界」から、「無限」と言えるほど「海」が広がっているという認識に変わりました。「陸の時代」を支配したスペイン世界帝国の「地中海資本主義」は終焉を迎え、より広い海に飛び出した覇権国家オランダ、「七つの海」すべてを支配したイギリスがリードする「海の資本主義」へと時代が移ったのです。

▼永久の生命を与えられた株式会社と「無限」の紙幣の誕生

さらに、コペルニクスの「無限の宇宙」論に一世紀強遅れて、ニュートンが時間も無限であることを証明しました。これが、会社や貨幣のあり方を一変させたのです。

キリスト教の終末論のように時間を有限だと認識している世界では、経済活動が永続するという発想は生まれません。

「地中海資本主義」の時代には、会社は事業が終わるたびに清算する合資会社でした。たとえば、出資を集めて、東方貿易をおこない、胡椒や香料を持ち帰る。その事業が完結したら、利益を山分けし、その都度、会社も清算していました。

しかし、「時間」が将来にわたって永遠に続くとなれば、会社も永久活動を前提にしなければなりません。一六〇二年にオランダ東インド会社が株式会社として設立されると、会社は、法人格[*13]を取得することで永久の生命を獲得しました。「ゴーイング・コンサーン（継続企業）」の誕生です。世界最初の法人格をもった株式会社は一五五五年のモスクワ会社[*14]です。コペルニクス革命の二年後に誕生したのです。

ここで見逃せない非対称性が生まれました。株式会社が永続するのに対して、人間には寿命があります。こうした非対称性のもとでは、永久に生命を得た会社のほうが、寿命のある個人よりも圧倒的に有利な立場に置かれることになります。事業の剰余金は、会社に蓄積されるようになったのです。

空間と時間が無限になったことで、貨幣も大きな変化を遂げました。中世までの「閉じた空間」では需要にも限界があったので、人間の手でつくることができない金と銀を貨幣として使えば事が足りていました。しかし、「無限」の空間と時間のもとではそういきません。企業が永続的に活動するのであれば、貨幣の供給も永久に続けなければなりません。

一六〇九年にはアムステルダム銀行が設立され、世界で最初の預金を受け入れ、信用創造が可能となりました。一六六一年になると、ストックホルム銀行が世界最初の銀行券（紙幣）を発行し、供給が有限な金や銀にとって代わったのです。つまり、「無限」の「実物投資空間」に応じて、「無限」にマネーを供給できる体制が構築されていったのです。

このように、近代が始まると同時に、中世の「閉じた空間」に近代の「無限空間」がとって代わり、無限の命を与えられた株式会社が経済活動の主役となることによって、金属貨幣から紙幣への転換が起こったのです。

▼国際社会もコペルニクス革命で生まれた

このようにコペルニクス革命によって中世の宇宙観（コスモス）が崩壊すれば、当然、宇宙観（コスモス）をそのまま地上に投影させた中世の人間界（月下界）の秩序も音を立てて崩れることになります。「長い一六世紀」の後期とは、コスモスの崩壊期だったのです。

地球がその他の惑星と同じだという認識が生まれたせいで、天上界で頂点に立つローマ教会と世俗界に君臨する皇帝の地位が脅かされ、国境線で囲まれた領土国家はお互いに対等になりました。

そうなると、複数の主権国家が、お互いに主権を認め合うというシステム、国際社会が必要です。お互いに他国の主権を認め合う際には、民主主義社会の理念や人権の保障などが、共通の認識や制度として存在するかどうかが問われます。

主権国家で構成される近代の国際社会は、コペルニクス革命に始まってニュートンで終わる一連の「科学革命」に誘発されてできたシステムでした。中世的な宇宙観（コスモス）が崩壊し、それにとって代わった無限の宇宙観をもとに、主権国家システム[*15]が成立したことがわかります。

①地球は太陽系の一惑星にすぎないこと（コペルニクス）←→複数の主権国家が存在していること
②万有引力の法則（ニュートン）←→主権国家それぞれが相互に作用し合って、システムを形成していること
③ケプラーの法則←→それぞれの主権国家によって共通の規則や制度が承認されていること

「コスモス」の崩壊は、キリスト教が支配する「地中海世界」秩序を崩壊させ、三〇年戦争をもたらし、世界は無秩序になりました。そして、国境線で区切った領土国家を誕生させ、小さい単位で秩序の安定をはかろうとしたのです。

しかし、ウェストファリア条約以降の主権国家システムは、宗教戦争や三〇年戦争の混乱をおさめるための「応急処置だった」[*16]と長尾龍一は言います。

オランダがスペイン帝国からの独立を他国に認めさせ、中世システムの覇者スペイン帝国を孤立させるための苦肉の策だった、「応急処置」にすぎないものは、五〇〇年近くも続く、地球全体を覆うような普遍的なシステムではないはずでした。

「応急処置」にすぎない主権国家システムが、長きにわたって続いてきたのは、また、あの狭いヨーロッパのなかで、国境線を引き、他国には干渉せず、お互いの主権を尊重し合うという合意を継続させたのは「無限空間」の発見です。

▼資本主義の「空間革命」による「周辺」からの「蒐集」

「無限の宇宙」と「無限の地球」へと価値観が変わったことで、元来有していた「無限」の資本蓄積を目指す資本主義が主権国家システムの主役に躍り出たのでした。その象徴が

「株式会社」化されたオランダとイギリスの東インド会社です。

市民社会になった国家は国民の「無限」の欲求に応えなくてはなりません。主権国家システムの外側に、利潤追求がとことん可能な「無限空間」がある、ということがこの時期に認識され、主権国家システムの外にある「無限空間」で過剰なまでに富（資本）の「蒐集」が可能になって、それを主権国家の内側にいる市民に分配したのです。

狭いヨーロッパの国々は、ヨーロッパ世界の外側にある「無限」の「実物投資空間」を「発見」し、資本を「蒐集」するシステムを発見した。いわば、資本主義の「空間革命[17]」が起きたのです。

「新大陸」のうち、イギリスは北アメリカとオーストラリア、スペインは南アメリカを「蒐集」しました。ニーアル・ファーガソンによれば、スペインなどを中心に大航海時代以降、「一五〇〇年から一八〇〇年まで、現在の価値換算でおよそ一三兆ポンドもの金銀などの貴金属が新世界からヨーロッパへ、あるいは太平洋を渡ってアジアへと運ばれた。その大部分が、ペルーの鉱山から持ち出されたものだった[18]」。一三兆ポンドはおよそ一八〇〇兆円で、現在の日本の個人金融資産と同額の膨大な額です。しかも、その相当部分がコストが大してかからない[19]「略奪[20]」だったのです。

近代化が遅れて始まったスペイン（一八七三年に共和制へ移行したものの、翌年に王政復古した）が今でも先進国であるのには、南アメリカ大陸からこのように富を「蒐集」したことが大きく寄与しています。

日本の近代化も例外ではなく、スタート時点ではヨーロッパのそれと大して変わりません。

幕末の日本は、欧米の〈複数の主権国家〉によって完成していた主権国家システムの内側に後から入り込むために、一八九頁の②の条件〈相互作用〉を満たすべく開国します。そして、③の条件〈共通の規則や制度〉を整えるために、法体系を西欧に真似《まね》てつくります。

そして、主権国家として承認されたのちに、主権国家システムの外側とされた清朝や朝鮮半島、台湾に触手を伸ばしていったのです。明治憲法制定や大正デモクラシーの過程で、ある程度の民主主義は進みましたが、資源のない日本で、大量の物質を求める国民が、戦争の後押しまでした。長尾龍一が言うように「『近代主権国家』という観念が渡来するや否や、日本は（略）リヴァイアサンとなることに全力を傾注した*[21]」のです。

したがって、主権国家システムは、国家同士は互いに対等と言いながら、主権国家システムの外部に「蒐集」可能な「周辺」を必要としていることは明らかです。だからこそ、主権国家システムは「人類史上最大の誤り」だというわけです。

そして、現代はフロンティアなき時代です。人々の認識も「無限空間」から「有限空間」へと変わりつつあります。このときに「閉じる」という知恵がなければ、世界秩序は崩壊へと向かっていくことでしょう。

しかも「資本主義の終焉」が、主権国家システムにも「死亡宣告書」を突きつけている。だからこそ、「閉じた帝国」の時代が近づいていると言えるのです。

▼「無限空間」の消滅がもたらす「新中世」

主権国家（国民国家）と資本主義は、本来的には両立の難しいシステムです。にもかかわらず、「長い一六世紀」に起きた科学革命とそれに続く一八世紀末の市民革命によって、建前上、すべての国民が科学とそれを応用した技術によって欲求を実現できるようになりました。

コペルニクス革命が「無限空間」を用意し、すべての国民の欲求を表に出すことが許される市民革命が起きたからこそ、主権国家システムと資本主義が両立していたのです。

ひるがえってフロンティアが消滅した現代は、「無限空間」という前提条件が崩れているのですから、近代システムはもう成立しえません。

それでもなお近代システムを続ければ、国民国家と資本主義が本来抱えていた矛盾がより激化した形で現れます。すなわち国境を越えて不平等やそれに起因する紛争が拡大し、主権国家システムという枠組みを破壊してしまうのです。

では、近代の次にやってくる「有限空間」を前提とする社会システムとは、どのようなものでしょうか。考えるヒントは歴史にあります。ルネッサンスの時代に、中世システムが機能不全に陥ったとき、人々は、中世のひとつ前の時代、すなわち古代に社会変革の種を探し求め、見事な花を育てました。

人類は近代システムも含め、いまだ理想のシステムに到達していません。人類はつねに理想の社会を求めて社会実験をしていることになり、現在のシステムが時代に合わなくなれば、ひとつ前のシステムを参照せざるを得ないのです。

そうであれば、「無限空間」を失った私たちにとってのヒントは、「有限空間」を前提にしている中世にあるのではないでしょうか。もちろん、身分制社会などの中世の悪しき部分を取り戻せ、ということではありません。近代以降の社会を構想するのに、ヒントにな

図17　世界の総人口

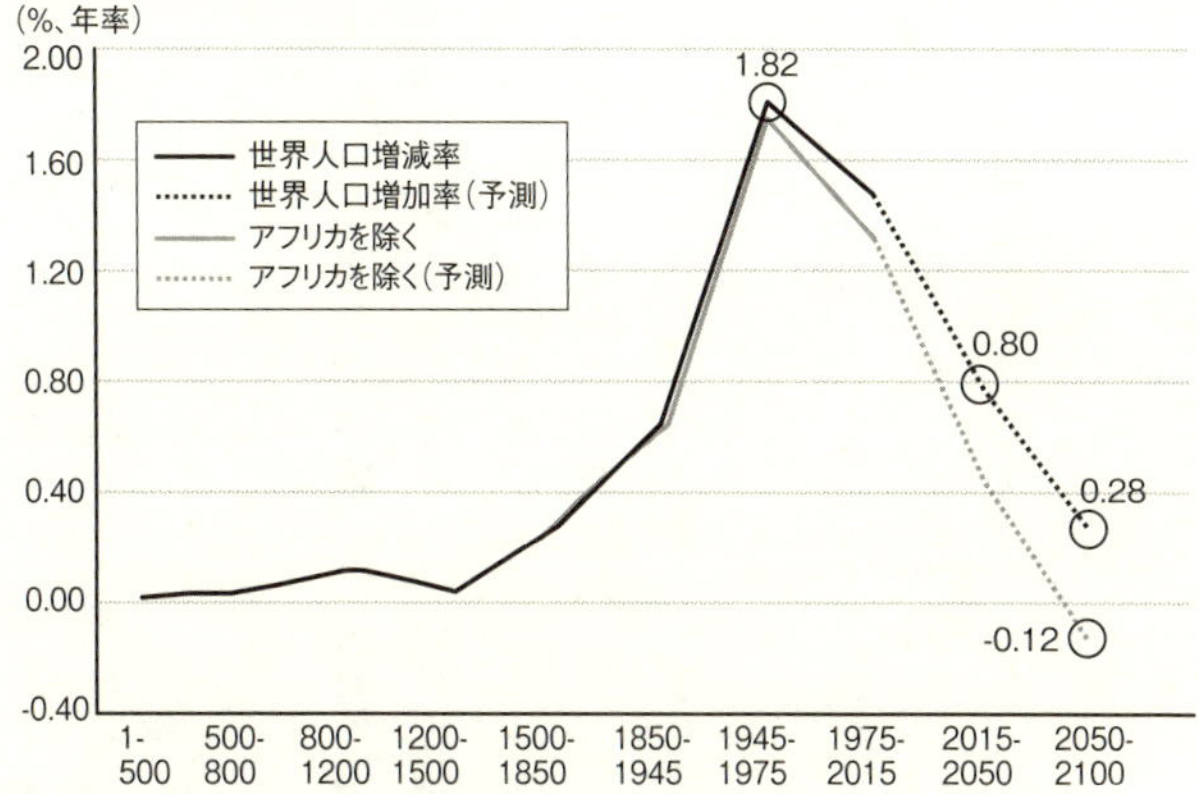

Our World In Data(https://ourworldindata.org/world-population-growth)および国連"World Population Prospects,the 2015 Revision"より作成

りうるものが中世という時代の地層に埋まっているということです。

▼多発する中世的現象

さらに言えば、近代の矛盾が露呈している世界を見渡すと、すでにいたるところで「中世的現象」が発生しています。

まずは統計的な数字で把握できるところから確かめてみましょう。たとえば、現代の先進各国における人口減少は、まさに中世的現象と言ってよいでしょう。中世(五〇〇～一五〇〇年)の人口増加率は年〇・〇八%であり、一〇〇〇年にわたって、人口がほとんど増加しない時代でした(図17)。

二一世紀の前半に入ると、第二次世界大戦

後の人口爆発時代と比べて、世界の人口増加率は半分程度に減少します。二〇一五～二〇五〇年には、年〇・八〇％、そして二一世紀の後半には、年〇・二八％しか増えないと予想されています。そして、アフリカを除いた場合の人口増加率は、なんとマイナス〇・一二％という予測です。[*22]

そして、先進各国の経済の長期停滞、ゼロ成長もじつに中世的です。中世も、長期に均《なら》してみればやはり、実質的にゼロ成長の時代だったのです。

西ローマ帝国が滅んだ直後から中世が終わるまでの間（五〇〇～一五〇〇年）の、世界の一人あたりの実質ＧＤＰ成長率は、わずか年〇・〇三％でした。[*23]これは、一〇〇〇年間を通じても一・三五倍にしかなりません。中世の経済は、成長しない社会だったのです。

▼国民国家は移行期に発生した一時的な政治形態

現在、政治的にはテロが多発し、経済的には近代の理念である能力に準じた平等化が誰の目にも幻想だと映るようになり、主権国家の機能不全があらわとなっています。そうであれば、近代のひとつ前のシステムである中世のよいところを参照するしかありません。

フランスの国際政治学者であるジャンマリ・ゲーノは、すでに一九九三年の段階で、

「国民国家という集団は、（略）中世の王国から近未来の『帝国の時代』への移行期に発生した、一時的な政治形態に過ぎないものかもしれない」[24]と述べています。

これと関連して取り上げたいのが、スペインのカタルーニャ地方と、イギリスに属するスコットランドの動向です。どちらも、今、属する国民国家から独立してEUに所属したいという人々の声が高まっています。

これをどう見るか。カタルーニャもスコットランドも、マドリッドやロンドンからはそれぞれ「周辺」に置かれている存在です。スペインやイギリスの主流の文化圏とは、異なる地域です。だから、「自分たちの国民国家」をつくりたい、という近代的な発想でこれを見ることもできるでしょう。

しかし、私からすると、結局、EUという大きな存在の前では、国民国家の「中心」であるマドリッドやロンドンが、すでに中途半端な存在になっているのです。もし仮にもう一度スコットランドがイギリスからの独立を国民投票にかけて過半数を得れば、連合王国（United Kingdom）の崩壊が始まることになる。それよりも、直接、EUという「帝国」の「中心」と結びついてしまうほうが、メリットが大きいとスコットランドの人は考えているのでしょう。

今まで輝いていた国民国家が色あせて見え、ＥＵという「帝国」と直接つながりたいという欲求にも、中世への回帰を見てとることができるのです。

国民国家システムがそうであるように、じつは資本主義も「過渡的」に存在するシステムです。

宇沢弘文が『ケインズ『一般理論』を読む』のなかでこう記しています。「ケインズは、資本主義における利子生活者階級は、過渡的な存在にすぎず、資本の蓄積にともなってやがては消滅する運命を辿《たど》ると考える」[*25]。それは、なぜか。「資本の所有者は、資本の希少性にもとづく準地代としての利子を受け取る。それはあたかも土地の所有者が、その土地の希少性にもとづいて地代を得るのと同じであるが、土地の希少性については必然性が存在するが、資本の場合にはそのような内在的な意味における希少性は存在しないとケインズは考える」[*26]からです。

▼「陸の国」がつくる帝国

中世への回帰は当然のごとく、近代システムを牽引してきた「海の国」の時代から、近代以前に強かった「陸の国」の時代への回帰にもなります。

シュミットによれば、「地理上の発見以前の秩序のすべては、（略）本質的には陸的、[terran]であ」[*27]り、「世界史は陸の国に対する海の国のたたかい、海の国に対する陸の国のたたかいの歴史」です。

一三世紀から始まる「地中海資本主義」は、「閉じた空間」を前提とする資本主義でした。この「陸の帝国」スペインにかわって、ヨーロッパを制したのが「海の国」であるオランダとイギリスです。一七世紀になると、「無限空間」から利潤を吸い上げる「七つの海の資本主義」が「地中海資本主義」にとって代わったのです。

しかしイギリス、次にアメリカが牽引してきた「七つの海の資本主義」、すなわち近代資本主義は、フロンティアの消滅とともに機能不全に陥り、二一世紀以降、ユーラシア大陸に位置する陸の国々が、政治的にも経済的にも影響力を増しています。

つまり、ロシアや中国などの台頭です。ロシアはウクライナ問題、中国は南沙諸島問題といった具合に両国とも膨張政策を強めています。ただし、ロシアも中国も、かつてのロシア帝国や清帝国がそうだったように、「世界帝国」を目指しているわけではありません。その意味では、潜在的には「閉じた帝国」の候補なのです。

すると、EU帝国に、中国、ロシアを加えれば、ユーラシア大陸に三つの閉じた「陸の帝国」が出現しようとしていることになります。

　実際、第四章で述べたように、中国は「一帯一路」という新経済圏を打ち立てようとしています。ロシアのプーチンは「ユーラシア同盟」を唱え、二〇一五年には、ロシア、ベラルーシ、カザフスタンで構成される「ユーラシア経済連合（EEU）」が発足しました。

　これら三つの帝国は、いずれもアメリカ一極支配に異を唱える帝国です。つまり、ユーラシアの三つの「陸の帝国」が仮に同盟など関係を強めれば、海から大陸を包囲する「海の国」は、「空間」の支配はできなくなります。

　近代地政学の祖とも呼ばれるイギリスのハルフォード・マッキンダー（一八九一～一九四七年）は、第一次世界大戦末に「世界島を制する者が世界を支配する」と主張し、「世界島＝ユーラシア大陸」の重要性を強調しました。それから約一〇〇年を経て、マッキンダーの言葉はますます現実味を帯びています。

　近代の「海と陸とのたたかい」は「海」の圧勝に終わりましたが、二一世紀に入り、再び中世のように「陸」でつながる世界が存在感を強めている。これもまた中世的現象の一例と言えるでしょう。

▼不遇の国際政治学者ヘドリー・ブルの予言

ポスト近代の社会を考える際、近代よりひとつ前の時代の中世にヒントを得たのが、国際政治学者ヘドリー・ブル（一九三二～八五年）でした。ブルは、中世のようなシステムが、近代主権国家システムにとって代わる可能性があると言い、その証拠として次の五つの特徴*[28]を挙げています。

①国家の地域統合
②国家の分裂
③私的な国際的暴力の復活
④国境横断的な機構
⑤世界的な技術の統一化

上記の五つの特徴は、主権国家システムにおいては「例外的」状況、ないし対処不能な事態です。①と②は近代システムが想定していない事態であり、③から⑤は近代システムでは対処できない事態です。

しかし、これら五つはブルの死後、すべて実現したと言っていいでしょう。

〈①国家の地域統合〉は、まさにEUそのものです。

〈②国家の分裂〉の最大の事例は、ソビエト連邦解体（一九九一年一二月）でしょう。ほかにも破綻する例が相次いでいます。

〈③私的な国際的暴力の復活〉については、二〇〇一年の九・一一以降の世界各地でのテロの常態化です。

〈④国境横断的な機構〉は「国境を越えて暴力に従事する非政府的集団」を指すので、二〇一四年に一方的に国家樹立を宣言したISがそれに相当します。

〈⑤世界的な技術の統一化〉はもちろん一九九〇年代半ば以降のIT革命と金融の自由化のことだと考えられます。

こうした五つの特徴の多くが、一九九一年のソ連解体に端を発していることは偶然ではありません。

国民国家システムのなかにはソ連も入っています。ソビエト共産国家とアメリカを中心とする資本主義国家は、フランス革命以後どちらも生産力をいかに高めるかを競ってきました。

その一方の旗頭であるソ連が一九九一年一二月二五日に崩壊（ブルが指摘する②の特徴）したからこそ、ＥＵ実現（ブルの言う①）の可能性が一気に高まったのです。

市民革命以後、資本主義も社会主義も市民（軍人も含む）の欲求に応えるのに、どちらが優れているかを競いました。ソ連が軍人の「過剰」な欲求に応えてその負担に耐えかねて崩壊したのに対して、資本主義は一般市民の「過剰」な欲求に十分に応えて、その役割を終えようとしているのです。ソ連の崩壊は資本主義の勝利ではなく、生産力増強の時代の終わりを意味していたのです。だから、社会主義国家の崩壊は資本主義の終焉につながっていくのです。

国民国家と資本主義からなる近代システムは一九七〇年代後半に限界を迎え、一九九〇年代にその影響や対応策が具体化して現れてきたということです。アメリカ資本帝国とＥＵ帝国の誕生もそのころでした。

一九七七年の段階で「新中世主義」を提示したブルの洞察は、あまりに先鋭的で、当時の国際政治学界では異端視されました。しかし、一九八五年の彼の没後に、大いに注目を浴びるようになったのです。

▼「悪しき中世」的な現象も

しかし、今の時代に中世的現象が多く生じていることが、そのまま中世回帰の肯定を意味するわけではありません。「悪しき中世」的現象もすでに起きつつあります。

今、挙げたばかりの〈③私的な国際的暴力の復活〉であるテロの常態化などは、その最たるものです。

あるいは近年、アメリカが、日本の名だたる部品メーカーの幹部を独占禁止法に違反する「価格カルテル」などで摘発する事件[*29]が、オバマ政権時代から相次いでいます。これは罰金刑では済まされず、企業の幹部たちは、アメリカに上陸すれば逮捕され、多くは刑務所に収監されます。アメリカ資本のために、アメリカ政府はここまでの「日本たたき」をしなければならなくなっているわけですが、これは日本から見れば、もはや「より遠く」にあるアメリカまで出かけてビジネスを展開すること自体が、大きなリスクになっているということです。

外部でビジネスを展開するだけで、ここまで苛烈な法的リスクが待ち受けているというのは、非常に中世的です。

「より遠く」へ行けば、中世社会がそうであったように、二一世紀の現在においてもテロ事件に巻き込まれます。先述したように、二〇一三年には、アルジェリアにあるBPの天然ガス採掘プラントの工事現場がイスラム系テロ集団に襲撃され、現地で作業していた日揮の日本人社員一〇人を含む多くの人が命を落としました。

「悪しき中世」はこうしたミクロ的現象にとどまりません。たとえば、ピケティが指摘した「新しい世襲資本主義[*30]」や、国際NGO団体オックスファムが言う「縁故資本主義（クローニー・キャピタリズム）」が横行しているのです。

オックスファムが「貧富拡大の一因として、大企業などが政府の規制や国際政策に影響力を及ぼす『縁故資本主義』を挙げた。富める者の資産の三分の一は相続によるもので、四三％は縁故主義に関係していると分析した」と日経新聞も報道したほどです[*31]。

縁故資本主義とは、もともとはアジア危機の際にアジアの同族優遇が危機の原因だと欧米諸国が批判したときに使われた用語でした。しかし、現在は、欧米などのグローバル企業がその影響力を駆使して、政府に対して自社に有利な税制や規制緩和を働きかけることが富の集中の原因だと指摘しているのです。

まさに、市場に任せろ、自助努力をしろと迫る近代社会が、中世身分社会と同じような状況になっています。

こうした「悪しき中世」にどう対応するのかも、「中世的」現象が起きているという自覚がなければ、何も考えは生まれてきません。

▼「閉じる」経済圏の重要性

重要なことは、中世システムの長所・短所を参照しながら、近代システムが抱える困難を克服するようなモデルを粘り強く構想していくことです。

たとえば、ＥＵ帝国や中国、ロシアが現在のままで、ポスト近代に耐えうるとは思えません。「陸の時代」の主役と思われた新興国も、今や経済成長にブレーキがかかり始めています。ＥＵ帝国もまた、テロが相次ぐとともに、難民問題に頭を痛めています。こうした情勢を見れば、決して「陸の時代」が安泰だとは言えません。

現在は、「海の時代」から「陸の時代」への移行期にあり、そのために「長い一六世紀」同様、不動のドルを動かした一九七一年のニクソン・ショック以来さまざまな混乱や秩序の危機が起きているのです。

「長い一六世紀」では、宗教改革が起こって、プロテスタントとカトリックが血みどろの闘争を繰り広げました。ルターの登場から対立を終結させたウェストファリア条約まで、およそ一三〇年かかっています。

現在起きているシリアの内戦、ＩＳのテロ活動などを見ると、その姿は、宗教改革の時代の混乱と重なります。だとすれば、今回の危機は一九七一年のニクソン・ショック、あるいは一九七四年のニクソン大統領弾劾以来五〇年も経っていないのですから、その終結には、まだ数十年単位の長い時間がかかると見るべきです。しかしそれをふまえても、なお「陸」の優位性は変わらないと思います。

もはや、無限の膨張が不可能なことは明らかなのですから、ポスト近代システムは、一定の経済圏で自給体制をつくり、その外に富（資本）や財が出ていかないようにすることが必要です。その条件を満たすには、「閉じてゆく」ことが不可欠になります。

▼「貨幣愛」を捨てきれない人は病院か刑務所へ

そして、十分に「閉じる」ためには、経済的には定常状態であることが要請されます。

現象だけに着目すれば、すでにゼロ金利・ゼロ成長に突入している先進国は、意図するかしないかにかかわらず定常状態に入っていると見ることもできます。

そもそも、ゼロ金利は「理想の社会」なのです。

日本とドイツは、これ以上生産力を増やす必要がなく、必要な資本が満たされた社会に到達したのです。それを示すのが両国のゼロ金利でした。

ケインズは一九三〇年に著した『わが孫たちの経済的可能性』という論文のなかで、一〇〇年後には「ヨーロッパとアメリカにおける平均的な生活水準はおよそ四倍に引き上げられている」*[32]と述べました。

一九三〇年当時のヨーロッパとアメリカの一人あたりGDP（生活水準を表す代表的な指標）は、四六四一ドル*[33]（一九九〇年国際ドル価格表示）です。一方、現在の日本は二万三五六九ドル*[34]（同）と推計され、一九三〇年の欧米の生活水準の五・一倍となっています。*[35]日本の経済状況は、ケインズの予想した通りになっています。

「経済問題は、一〇〇年以内に解決されるか、あるいは少なくとも解決のめどがつくであろうということである」*[36]とケインズが言ったように、日本やドイツは「経済問題、すなわち生存のための闘争」という「最も切迫した問題」*[37]から解放されたのです。

「かくて人間の創造以来はじめて、人間は真に恒久的な問題――経済上の切迫した心配からの解放をいかに利用するのか、科学と指数的成長によって獲得される余暇を賢明で快適で裕福な生活のためにどのように使えばよいのか、という問題に直面するであろう[*38]」と彼は考えたのでした。

ところが、ケインズは心配もしていました。「富の蓄積がもはや高い社会的重要性をもたないようになる」、すなわちゼロ金利の時代が到来すると、「財産としての貨幣愛は、ありのままの存在として、多少いまいましい病的なものとして、また、震えおののきながら精神病の専門家に委ねられるような半ば犯罪的で半ば病理的な性癖の一つとして、見られるようになるだろう[*39]」とも言うのです。

「もちろん、そのようになってもなお、満たされない強烈な目的意識をもって盲目的に富を追い求めるような人々が（略）大勢いることだろう。しかし、その他の者は、もはやこのような人々に拍手し激励する義務を負わなくなるだろう[*40]」

まさにこれを象徴するのが、オックスファムの報告書が毎年指摘する、世界の富を独占する一握りの富裕層のことです。二〇一六年の場合、世界の上位八人が所有する資産が、下位三六億七五〇〇万人の資産と同額であったことをこの報告書は指摘していましたが、この八人に限らず、富裕層の多くが、「財産としての貨幣愛」の呪縛から逃れることができないでいるのです。今後、オックスファムやフォーブスに世界の富豪として紹介された人は尊敬に値しなくなるのです。

▼東芝とフォルクスワーゲンが示した逆説

「この道しかない」と言って、成長戦略にやっきになっている日本も例外ではありません。政府も企業も、定常状態を目指さず、成長教にとらわれてしまっているため、結果的にマイナス成長をもたらしてしまっています。「閉じた」空間においては成長（インフレ）自らが、反成長（デフレ）を生むようになっているのです。

その象徴的な例が、二〇一五年の東芝不正会計事件とフォルクスワーゲンの違法ソフト事件でしょう。東芝は二〇一七年四月、これまで二度延期していた二〇一六年四～一二月期の決算発表において、監査法人の承認がない「意見不表明」という異常事態に追い込まれてしまいました。

これら日本とドイツを代表するふたつの大企業ですら、もはや不正をしないと株主が期待するレベルの利益を得られなくなっている。しかもその不正が白日のもとにさらされると、利益以上の損失を被ることになるのです。

アベノミクスも同様です。経済成長を目指した結果、労働者の実質賃金は一貫して下がり続け、儲《もう》かったのは資本家と経営者だけです。GDPも上がっていない。もう近代は終焉を迎えているのですから、近代の目標を掲げたところで、事態はますます悪化するばかりです。

したがって私たちは、自覚的に定常状態を目指していかなければなりません。

すでに日本の設備は過剰になっているのですから、これ以上、新設投資の必要はありません。ドイツの哲学者ミヒャエル・エンデ（一九二九～九五年）の言う「必要な物が必要なときに、必要な場所で手に入る」[*41]豊かさを日本はすでに手に入れているのです。

新設投資の必要がなければ、企業が生み出す付加価値の分配は、資本の維持費である固定資本減耗と雇用者に支払う雇用者報酬のふたつで十分です。

政府のなすべきことは、基礎的財政収支（プライマリー・バランス）を均衡させ、税負担を高めないようにすることに加え、人口減少を九〇〇〇万人あたりで横ばいにすることです。そのうえで、安いエネルギーを国内で生産し、原油価格の影響を受けない経済構造にしていくことです。

▼「地域帝国」の時代

定常状態のもとでの「閉じた帝国」――。それは「長い一六世紀」以前の世界の姿です。一七世紀半ばの時点では、ヨーロッパの外にある四つの帝国――オスマン帝国、ロシア帝国、ムガール帝国、清帝国――の経済力は、ヨーロッパを圧倒していました。

たとえば、一七〇〇年時点で四つの帝国の人口は合わせて三億七九五五万人に達し、当時の世界総人口六億三四九万人の六二・九%を占めています。[*42] 当時の欧米の先進国（西欧一六ヵ国にアメリカ、カナダ、オーストラリア、ニュージーランドを加えた二〇ヵ国）の人口は、わずか八四七四万人（世界総人口の一四・〇%）にすぎませんでした。

一六世紀から一七世紀は欧州で市場が統一されていく過程でもありましたが、欧州とその植民地である「新大陸」（アメリカ、カナダ、オーストラリア、ニュージーランド）を合わせても、その人口は中国やインドよりも少なかったのです。

経済力（実質GDP）についても同様です。一七世紀半ば、当時の四つの帝国の合計実質GDPは世界GDPの五六・三%を占めていました。それに対して、先進国（先と同じ二〇ヵ国）のそれはわずか二〇・二%[*43]です。

図18　「海」を「陸」から囲む

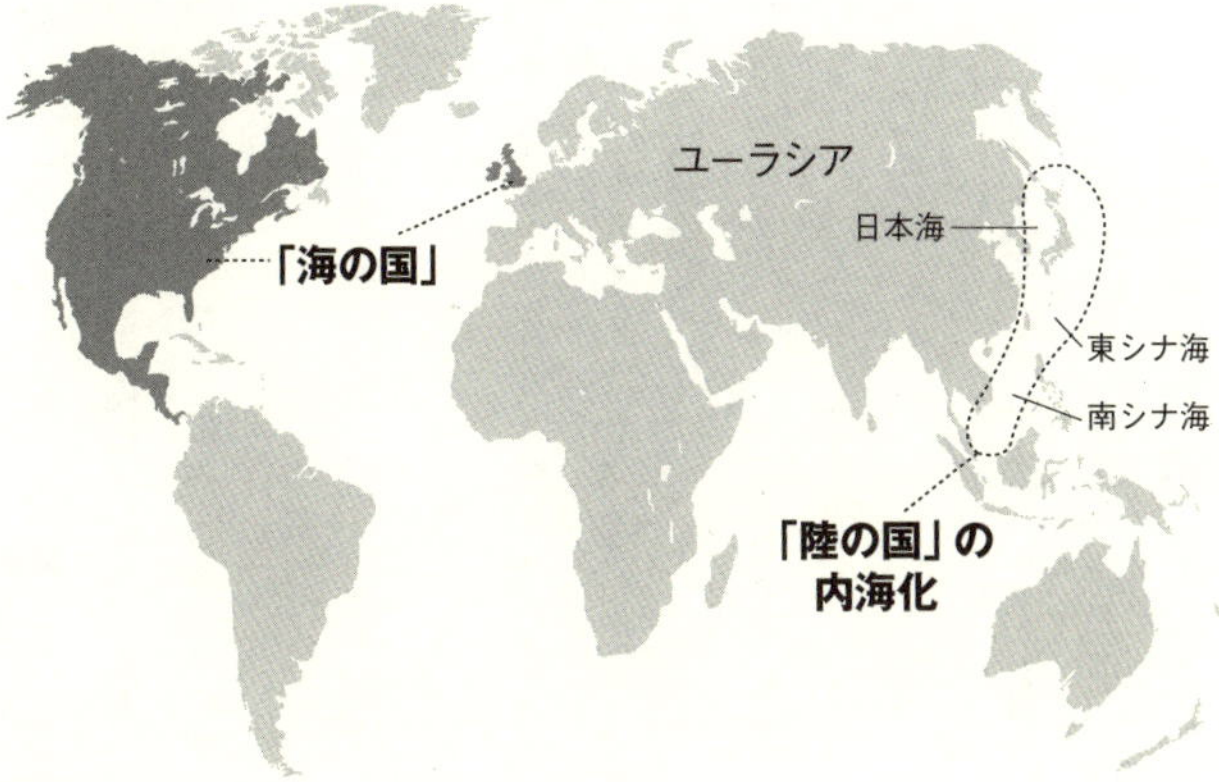

空間が「閉じる」方向にあるならば、日本、ASEAN、オセアニア諸国は、イギリスやアメリカに比べてユーラシアに近いため、これらの国々と、日本海から南シナ海までの「海」を「陸」から囲むことで世界秩序を維持していく方策を目指すべきです（図18）。

これらの「陸」の地域が、複数の「閉じた帝国」を形成し、帝国同士が必要最小限の条約を締結して、相互依存関係を形成する。荒唐無稽に聞こえるかもしれませんが、前述の帝国はいずれも数世紀にわたって存続していました。そして解体したのも、一九世紀後半から二〇世紀初頭なのですから、遠い昔話ではありません。

マクロな視点で見るならば、「長い二一世

紀」は、「長い一六世紀」を通じて形成されたウェストファリア体制が崩壊し、新たな帝国秩序が生まれる産褥《さんじょくき》期だと言えるでしょう。ただし、帝国といっても古代・中世の帝国が目指したような「世界帝国」でなく、複数の「地域帝国」の時代となるでしょう。

▼地域帝国と地方政府の二層システム

現在起きているさまざまな中世的現象をふまえれば、私たちはゆっくりと、「新中世」に向かって歩みを進めていくことを目指すべきです。

世界が有限であるという条件のもとで、「閉じた帝国」をつくり、そのなかで定常状態の経済を目指していく。

その具体的な姿については、ブルの『国際社会論』のなかの次の言葉が手がかりになります。

もし近代国家が、主権概念がもはや当てはまらなくなるほど、その市民に対する権威と彼らの忠誠心を集める能力を、一方で地域的・世界的権威と、他方で国家・民族の下位にある権威と、共有するようになるとすれば、新中世的な普遍的政治秩序の形態が登場したと言えるであろう。*44

ブルの言葉を私なりに翻訳すれば、「地域的・世界的権威」は地域帝国がもち、「国家・民族の下位にある権威」は、地方分権や連邦制にもとづいて地方政府がもつことになります。

つまり一方では、EUのように「閉じた陸の帝国」を単位として、安全保障や外交、環境問題への対処など、一国単位の主権でおこなうのが難しい事柄を帝国のような大きい単位の共同体で対応する。また、人々が生きるのに必要な食糧やエネルギーの自給も、できるかぎり帝国内でまかなえるようにするのがよいでしょう。

他方で、人々の生活や企業活動は国家より小さな地方を単位として、資本が自己増殖しない経済システムをつくり上げる。地方を単位として、「閉じた経済圏」をつくれば、その経済圏の中心都市に集まったマネーは同じ経済圏に還流します。しかし、グローバル経済のように「オープンな空間」のままであれば、たとえば日本の中心である東京に集まったマネーは外国に流出し、日本には戻りません。

このように、「地域帝国」と「地方政府」の二層からなるシステムは、どちらも「有限」

であり、膨張しないことを特徴としています。

「長い一六世紀」においては、都市国家は小さすぎ、スペイン帝国は規模が大きすぎたため、来たるべき時代、すなわち近代において最適なサイズが「主権国家」となったのです。

しかし現代は逆に、主権国家（国民国家）が中途半端なサイズになっています。国民国家は国際的な政治経済単位としては小さすぎるし、人々の生活単位としては大きすぎる。この課題を解消するアイデアが、「地域帝国」と「地方政府」という二層システムなのです。

▼資本主義でない「市場経済」を取り戻す

日本のようにすでに資本を過剰なまでに保有する国では、人々の生活や企業活動は国家より小さな地方を単位として、資本が自己増殖しない経済システムをつくり上げるべきです。

グローバル化して取引が複雑になればなるほど、東芝の不正会計がそうであるように不正が紛れ込んでくるのは歴史のつねです。

ブローデルは、市場経済を「予想外のことの起こらぬ『透明』な交換、各自があらかじめ一部始終を知っていて、つねにほどほどのものである利益が大体推測できるような交換[45]」と説明し、資本家や経営者たちが不透明な取引から富を獲得する資本主義とは区別しています。この「市場経済」という概念が、新しい経済システムのヒントになります。

日本やドイツのような資本の希少性を解消した国では、「ほどほど」の利益とは、ROE（自己資本利益率）で見て二％程度で十分です。すでに資本が十分満たされているのですから、新規投資は必要ないわけです。利益は倒産リスクに備えればいいことになります。

二一世紀以降、全国企業の倒産金額がもっとも多かったのはリーマン・ショックがあった二〇〇八年度、一四・二兆円[46]でした。全国企業の純資産は二〇一五年度末六三六・三兆円[47]なので、倒産リスクを考えればROE二・二％で十分対応できるのです。

ところが、日本の企業の最終利益は二〇一五年度四一・八兆円と過去最高益を更新しています。一方、二〇一五年度の総人件費は一七三・〇〇兆円といまだに一九九八年度の一七三・〇三兆円を下回ったままです[48]。

「閉じた経済圏」で市場経済を実現するには、株式会社というシステムも大きく変化する必要があります。

近代という無限に広がる空間のなかで、株式会社は「より遠く」へ行くための最適な資本調達制度でした。株式会社は不特定多数の株主から「より遠く」へ行くために巨額の資本を効率的に蒐めることができました。

しかし、二一世紀の資本が過剰な時代に「より多く」の出資を求める必要はありません。マイナス金利下でも、銀行貸出が伸びないのですから、企業の資金需要はもうないのです。「閉じた経済圏」では、会社と株主など利害関係者の距離を「より近く」することで、会社と利害関係者の間の信頼を維持していくことが可能となります。

たとえば、トヨタは二〇一五年七月に新型株を発行しました。配当は通常の株式より低く、発行後五年間は譲渡や換金はできませんが、その後は発行価格で買い戻しを請求できる、いわば元本保証付きの株です。[*49] このトヨタの新型株式には、今日買い明日売って利益を稼ぐような「より遠い」投機家とは縁を切り、企業活動を長期的に応援してくれる国内の投資家と信頼関係を築いていきたいというメッセージが込められています。

そして定常状態が実現すれば、現金配当はゼロでよく、代わりに株主には現物給付すればいい。外国人株主は自然と遠のくことになり、利害関係者が目に見える範囲で企業統治をおこなうことができるようになります。

ガルブレイスは「現在法人企業と呼ばれている株式会社に強く反対[*50]」し「不確実性の時代にあって、企業こそが不確実性の主たる源泉[*51]」であると結論づけています。

不確実な経済とは、ブローデルの言う資本主義にほかなりません。二一世紀の経済システムに信頼を取り戻すためには、「閉じた経済圏」で市場経済を再構築することが不可欠なのです。

| BOX2 |

成長率が鈍化し、ゼロ近辺となる原因

成長率が鈍化し、ゼロ近辺となる原因は、「規模に関する収穫逓減」による単位当たりの利潤率の低下とエネルギー価格の高騰にあります。

前者の「規模に関する収穫逓減」とは、資本や労働の投入量をｋ倍で増加させて生産規模を大きくしていったとき、ある水準をこえた段階から、生産物の増加が、ｋ倍以下にしか増えなくなることを言います。

そうなると、投入コストの増加率以上に生産物価格を値上げしないかぎり、企業利潤は低下していきます。そのようにして、実質ＧＤＰ成長率がゼロ近辺まで低下してくると、企業は労働に対する報酬（人件費）を減らし、資本に対する報酬（利潤）を確保しようとします。1997年以降の日本がまさにそうですし、欧米ではより早い段階からその傾向がありました。

後者のエネルギー価格の高騰は、日本のような資源輸入国にとっては交易条件の悪化を通じて、実質ＧＤＰ（生産）から交易損失を控除してもとめる実質ＧＤＩ（所得）を押し下げることになります。所得の増加が抑制され、消費が伸び悩み、翌期の生産を低下させる圧力になります。

註 「規模に関する収穫逓減」とは、生産物Ｙを産出するために、投入物×１、×２をｋ倍だけ投入すると、Ｙの増加はｋ倍以下にしか増加しない状態を言う。

第六章　日本の決断——近代システムとゆっくり手を切るために

▼「より遠く」にの限界に直面する化石燃料

ここまで見てきたように、いよいよ国民国家と資本主義からなる近代システムの矛盾が臨界点に達してきています。しかし、人類史的な視点で見るならば、今終わりつつあるのは五〇〇年続いた近代システム、八〇〇年続いた資本主義だけではありません。より根源的に考えるならば、西欧史を貫いてきた「蒐集」という理念が、フロンティアの消滅とともに終わりを迎えようとしている。これをどう考えるかが、私たちが生きる「長い二一世紀」の課題です。

「より遠く」に行って富（資本）を極大化するには、人より、あるいは他国よりも「速く」新たな「実物投資空間」に貨幣を投じて資本化しなければなりません。ゼロ金利は、新たな「実物投資空間」がもはやないことを意味しています。

「より速く」にはエネルギーが欠かせません。なかでも瞬発力のある化石燃料、原油を安価で大量に入手し、消費できることが前提として成り立っていたのが近代文明です。近代文明にとって必須のエネルギー資源の獲得が二一世紀になって困難になってきています。

原油についての典型的な楽観論は「原油が枯渇する、すると何十年も言われながら、

図19　エネルギー収支比の推移

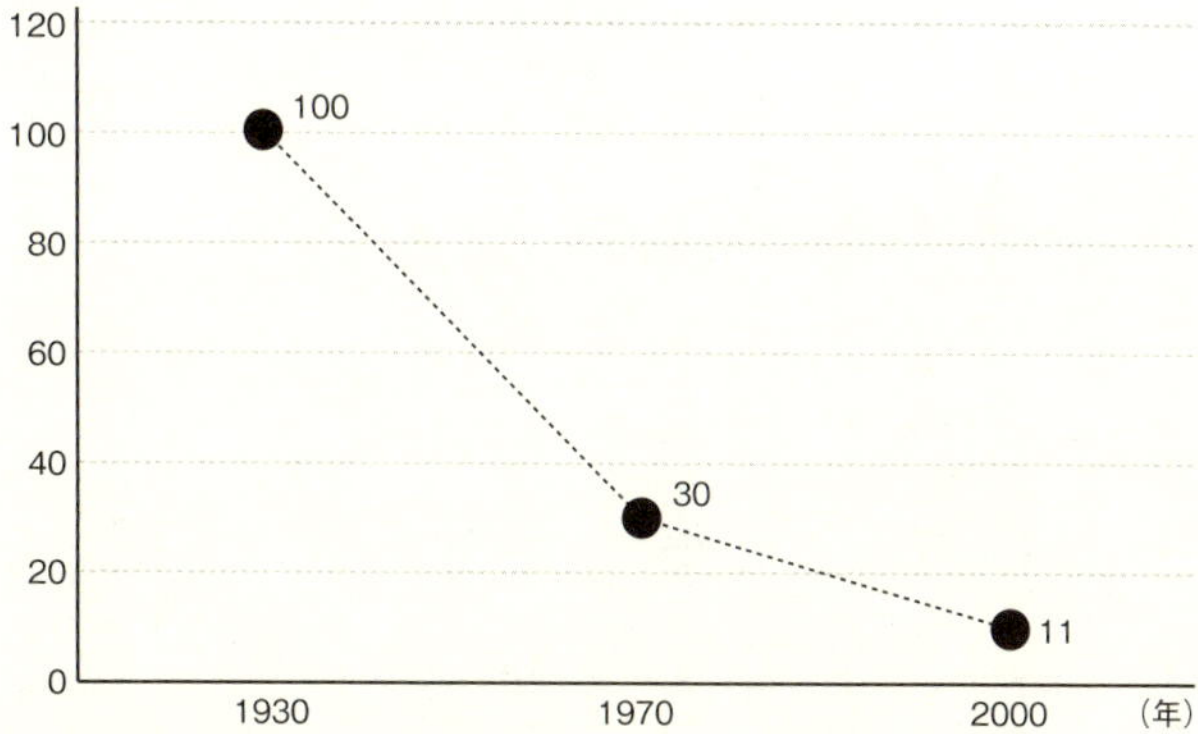

Ugo Bardi "Trends in the world's fossil hydrocarbon production: The effect of declining energy returns"より作成

次々と新しい油田が見つかっているではないか[*1]」というものです。たしかにこれまではそうでした。

しかし、現実は原油に関しても交易条件、具体的にはエネルギー収支比[*2]を考える必要があるのです。輸出価格／輸入価格で求める財・サービスの交易条件は、輸出財一単位と交換に入手することができる輸入財の量を示します。

エネルギー収支比も同様で一単位のエネルギー投入で何単位のエネルギーを獲得できるかを表します。フィレンツェ大学地球科学学部のウーゴ・バルディがEU議会で次のように証言[*3]しています（図19）。一九三〇年代には、一単位の原油を投入して採掘をすれば、一〇〇単位の原油を獲得することが可能でした。つまり、獲得できた一〇〇単位のエネルギーのうち一単位だけを次の採掘のために確保しておけば、残り九九単位は自由に使うことができたのです。

▼間近に迫る「エネルギーの崖」

ところが、一九七〇年代には、一単位のエネルギーの投入で採掘できるエネルギーは三〇単位にまで下がり、二〇〇〇年には一一単位にまで低下しました。なぜなら、油田を発見すれば、その約四割は自噴で取り出せる（一次回収）のですが、残りの三割程度は海水などを注入しないと原油を取り出すことはできないので、多くのエネルギーを投入することになります。一九七〇年代にエネルギー収支比が三〇に低下したのは、二〇世紀初めに発見された大規模油田が二次回収の時期に入ったからです。

近年、発見される油田は海底など「より遠く」の場所にあり、技術の発展のおかげで掘削は可能になったものの、採掘にかかるエネルギーも増大しています。

二〇一〇年にBP社が引き起こしたメキシコ湾原油流出事故は「より遠く」（より深く）にの限界を示す例です。事故の起きた海底油田は、陸から八〇キロの沖合、水深一五〇〇メートルの地点にあり、そこへ通じる五・五キロの掘削パイプが折れ、大量の原油が流出しました。

二〇一五年七月にBP社はアメリカ政府とルイジアナ州など湾岸五州に対して一九〇億ドル（約二・三兆円）の和解金を払うことで合意しました。巨額の損失額とは別に、これほど「遠く」にある油田にまで手を伸ばさないとエネルギーが入手できない時代が到来していることを見逃してはなりません。

二一世紀になった現在、一単位のエネルギーを投入して得られるエネルギーが、一〇単位以下にまで低下しています。これが二単位にまで低下すると、エネルギーの採掘が止まり、化石燃料に全面依存した近代社会が終わってしまうのです。一単位のエネルギーを投下して二単位のエネルギーしか得られないのであれば、次の採掘用に一単位を確保したあとには何も残らない。近い将来、原油は値段の問題ではなく、採掘が持続可能かどうかの問題に転化することになるでしょう。

この問題は崖を転がり落ちるように深刻になるので、「エネルギーの崖（The Net Energy Cliff）」と呼ばれます。

たとえば、一単位のエネルギーを投入して、一〇単位のエネルギーが獲得できる場合

（＝エネルギー収支比が一〇だった場合）、採掘に必要なエネルギー一単位をのぞいて、利用できるエネルギーは九単位です。つまり、利用可能なエネルギーの割合は、九〇％（＝九／一〇）となります。ところが、エネルギー収支比が一〇以下になると、利用可能なエネルギーの割合は、図20のように急激に低下していくのです。

エネルギー収支比が一〇を切るというのは、化石燃料は「無限」に消費できるという神話が崩壊することにほかなりません。

図20において、横軸の右側、エネルギー収支比が一〇以下になると、効率の悪いエネルギーが並んでいます。熱帯地方のバイオマス燃料、タール・サンド、温帯地方のバイオマス燃料、そしてもっとも効率が悪いのが、エネルギー収支比が二に近いシェール・オイルです。シェール・オイルを抽出するには、非常に多くのエネルギーを投入しなくてはならないのです。

エネルギーの消費は、価格で調整することができますが、対価を払えばいくらでも手に入るという時代は過ぎ去ろうとしています。

シェール・オイルは採掘の費用が高い（一バレル換算で八〇ドル、二〇〇七年基準価格）ということばかりが問題視されてきましたが、その費用の問題よりも深刻なのはエネルギー

図20 エネルギーの崖

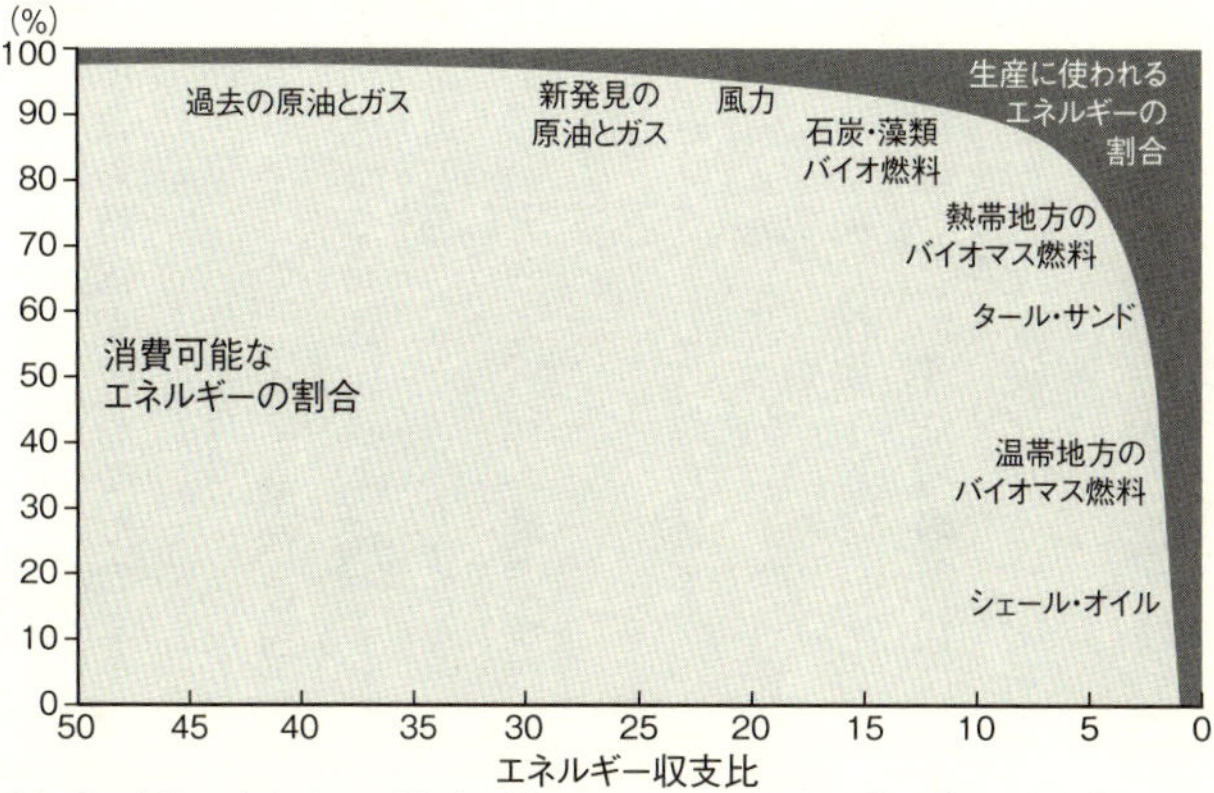

Ugo Bardi "Trends in the world's fossil hydrocarbon production: The effect of declining energy returns"より作成

収支比が、二・〇に近いということです。原油が枯渇してもシェール・オイルがあるから大丈夫、という話ではないのです。エネルギー収支比の悪いシェール・オイルをあてにするようになったということは、化石燃料に依存する社会が限界に近づいていることを示しているのです。

近代資本主義の理念である「より遠く、より速く、より合理的に」を実現するには、エネルギーが不可欠[＊4]です。しかし、化石燃料に頼ることができないのですから、近代資本主義が成立するはずがありません。それでも成長しようとして、原子力発電のような「技術」に救いを求めるならば、三・一一のような、損失を金額にはとうてい換算できないほどの悲劇が再び繰り返されることになるでしょう。技術で解決できないことはないと信ずる技術進歩教の時代も終わったのです。

▼ウォーラーステインの至言と日本の先行性

このような時代に日本は、これまでの近代路線をそのまま突き進むのか、まったく異なる道を選ぶのか、まさに大きな分岐点に立たされています。「より遠く、より速く、より合理的に」という近代の理念が限界に達しているのですから、その逆をおこなうしかない。つまり、「より近く、よりゆっくり、より寛容に」です。

その意味で、これから日本が、「新中世」に移行する際には、「ゆっくり」と事を進めていくしかないと思います。今、具体的な姿が見えないとしても焦ってはならないのです。

トランプ大統領誕生を受けて、ウォーラーステインが朝日新聞のインタビュー*5で、「長い一六世紀」という危機の時代にその後の世界システムがどうなるかを予測できている人はいなかったと答えています。そのうえで、彼は言います。

大切なのは、決して諦めないことです。諦めてしまえば、負の未来が勝つでしょう。

民主的で平等なシステムを願うならば、どんなに不透明な社会状況が続くとしても、あなたは絶えず、前向きに未来を求め続けなければいけません。

ウォーラーステインがわからないのに、私が二一五〇年の世界がどうなるかわかるはずがありません。

しかし、「蒐集」の歴史、資本主義の歴史、近代システムの歴史が幕を引こうとしている今、もっともしてはならないことは現状の維持・強化等です。この先にある社会に向かってゆっくりと実験を始めることが大事です。ＥＵは一九九〇年代に入ってこれまでの構想を実験に移したのです。

ひるがえって、日本はどうでしょうか。「閉じた帝国」という意味の実験では、ＥＵのほうが先行しています。しかし、日本は、こうした時代の大転換期の予兆がもっとも早く現れました。それが一九九七年から続く二％以下の超低金利です。

ゼロ金利、ゼロ成長、ゼロインフレ——。西欧がもっとも乗り越えることが難しい「蒐集」を終わらせ、定常状態へ移行するための必要条件が、日本には揃っているのです。この恵まれた先行性をもっと意識すべきです。

▼時代遅れの「海の国」に追随する愚

にもかかわらず、日本はアメリカ金融帝国の「属国」の道を選び、今なお近代にしがみつこうとしています。

こうした日本の状況もまた、「長い一六世紀」に利子率革命を経験したイタリア・ジェノヴァと非常によく似ています。イタリア・ジェノヴァの利子率革命は、中世から近代へとシステムを大きく変えさせました。しかし、当のイタリアはマキアヴェリの提言を受け入れず、またコペルニクス革命の本質を見誤り、都市国家から国民国家へと転換することを忌避したために、近代の扉を開けることはできず、オランダとイギリスに主役の座を奪われてしまいました。

主役の交代は金利の動きに如実に表れています。超低金利を続けたジェノヴァの国債価格は、一六二一年を境に暴落します。つまりこの年を境に、金利が急騰してしまったのです。一六二一年といえば、三〇年戦争が始まって間もないころですが、この時期に投資家たちは、ジェノヴァ国債と、スペイン皇帝がオランダ領で発行した国債を売却して、オランダの東インド会社の株式を購入した。つまり投資先をジェノヴァ、スペインからオランダへと乗り換えたのです。

スペイン帝国は、一六世紀半ば以降、戦費増大によって何度となく財政破綻宣言を繰り返しています。最初は一五五七年、フェリペ二世即位の翌年でした。その後も、一五七五年、一五九六年、そして一七世紀に入ってからも何度も財政破綻宣言をおこない、そのつど国家財政は危機に陥りました。スペイン帝国の財政を支えていたのはジェノヴァですから、スペインの財政が破綻すれば、当然ジェノヴァの経済も破綻します。

こうした様子を見た当時の投資家たちが、ジェノヴァとスペインを見限って、より成長の見込める東インド会社に投資先を変えたわけです。

このスペイン・ジェノヴァ連合の没落は、他人ごとではありません。ジェノヴァがスペイン帝国の財政ファイナンスを担当したように、日本も米国債を買うことで、アメリカの財政を陰になり日向になり支え続けてきました。

「長い一六世紀」の後半以降、近代世界システムを牽引してきたのは、オランダ、イギリス、アメリカの「海の国」でした。資本主義も陸の「地中海」資本主義から七つの海をひとつにする海の資本主義へと大きく変貌を遂げたのです。

しかし、エネルギーを化石燃料に全面的に依存することで非連続的に生活水準を向上させた[*6]「海の国」の時代は終わりつつあるのですから、日本は現代の「海の国」の盟主・アメリカにただただ追随していけばよい、という選択には疑問をもたざるをえません。

ジェノヴァとスペインは、中世の「帝国」的な領土拡大にしがみついたあまりに、近代化に遅れをとったのです。それと同様、「長い一六世紀」にイタリアとスペインが中世システムに拘泥したように日米はいまだに「経済成長」という近代の価値を盲信し続けています。

▼レーガノミクスの失敗をトランプ大統領は繰り返すのか

とくにトランプ大統領は、かつてのレーガン大統領のごとく「強いアメリカ」を演出するために、かりそめの「成長」を実現することに躍起になるでしょう。彼の公共事業拡大路線に、市場も沸き立っていますが、それが数年、続いたとしても、これでは、再び財政赤字を膨らませ、国債は悪い金利上昇を迎える可能性が高いのです。

軍事費増強で国内需要を刺激し、片方で富裕層減税をおこなうというレーガノミクスの失敗のツケを三〇年かけてもぬぐい切れなかったのが今のアメリカです。そのレーガノミクスの軍事費を公共事業に置き換えただけで、ほぼ同じ路線を進もうとしているトランプは、レーガンがかつてそうしたように今回も失敗のツケを他国にまわすのでしょうか。

レーガン政権で内政干渉の洗礼を受け、それ以来、アメリカ金融・資本帝国の配下に入った日本では、米ソ冷戦が終わったとたんに、アメリカ財政のファイナンス役はご用済みだとばかりにバブルが崩壊し、「失われた二〇年」に突入したのです。どの覇権国もそうであったように、アメリカも公言するか否かにかかわらず、「アメリカ・ファースト」です。

それを公言したトランプ政権は、おそらく、これまでのアメリカ以上に日本を抑圧してくるでしょう。もちろん対米従属問題は、戦後七〇年以上、「解けなかった問題」です。正確に言えば、『永続敗戦論』[*7]で政治学者、白井聡が鋭く指摘したように、存在することすら否認しようとしてきた問題です。

しかし、長きにわたって「解けなかった問題」に性急な態度で臨んでは、かえって東アジアの不安定化を招く可能性もあります。まずは問題が存在することを認め、長いスパンで、「ゆっくり」とアジアの「地域帝国」化に取り組むのだという決断が必要です。ウォーラーステインが言うように「諦めてしまえば、負の未来が勝つ」のです。

▼二一世紀は中心に何を据えるのか

ポスト近代システムの姿は明確にわかるはずもありません。もし、わかると将来を断定的に語る人がいれば、長尾龍一が言うように「神か預言者かイカサマ師」[*8]に違いありません。しかし、ここまでの議論を振り返るならば、二一世紀は政治的には地域帝国であり、経済的には定常状態、すなわち資本蓄積をしないという方向性を指摘することは可能だと思います。

このふたつの方向性をベースにして、あとはどういう社会システムを構築するかを考えるのが二一世紀の最大の課題です。土台が決まって、あとはシステムの頂点に何を据えるかです。

中世はシステムの中心（天上）に「神」を据え、近代は「人間」を据えました。人間は多数いるので、人間を貨幣で評価して、富をたくさん蓄積した人を中心に据えたのです。しかし、「貨幣愛」が行き過ぎれば、ケインズが言うように「精神病の専門家に委ね」なければいけなくなるのですから、中心の座には失格です。

そうした課題に真摯に取り組むことを避けてアジアの近隣国との関係を悪化させ、財政を顧みずに経済成長だけを追求する日本は、いまだに勝ち目のない近代の延長戦を続けているにすぎません。あるいは、家の土台が崩れかけているにもかかわらず、外壁の補強で済まそうとして、必死につっかい棒で支えようとしているようなものです。

ポスト近代への過渡期である現在、日本はどの国と一緒になって「地域帝国」をつくっていくかということを考えるべきです。自主独立して国民国家を強化することは、近代回帰にすぎません。国民国家という単位では、グローバルに富を収奪する「資本帝国」に対抗できないし、安全保障や環境問題のように、国境を越える課題に対応することもできません。

国民国家は国際的な政治経済単位としては小さすぎるし、人々の生活単位としては大きすぎる。それを解決するアイデアとして「地域帝国」と「地方政府」という二層からなる閉じたシステムを第五章では提出したのです。

日本にとっての「閉じた地域帝国」とはどのようなものなのか。

当然、対米従属ではありません。アメリカ自身は「アメリカ・ファースト」を唱え、一国主義に回帰しようとしています。関税を高くし、移民の受け入れを制限して「孤立主義的」な外交政策と、減税と公共投資、そして恫喝《どうかつ》まがいの対米投資を迫るなどして成長率を倍に高めようとするのは近代初期の重商主義そのものであって、「新しいシステム」を志向しているとは思えません。

しかし、東アジア共同体という選択肢も、中国が近代化の真っ只中にある以上、現段階では現実味がありません。

そう考えると、日本ができるのは「選択肢が生まれるときに備える」「選択肢ができるように環境を整える」ということだけです。「では日本はどうすればよいのでしょうか」と問われたときに、「EUに毎年加盟申請をする」と真顔で私が答えるのは、そのためです。

もちろん地理的な環境を考えれば、日本とEUが「閉じた帝国」を形成できるわけがありません。しかし、現在の世界のなかで、ポスト近代を模索しているのはEUだけです。そのEUとの連携を深めることが、ひいてはポスト近代への準備を整えることになるはずです。

一九八〇年代後半に日独が選択した道が二一世紀の両国の明暗にあります。あの段階では、同じく敗戦国である日本と西ドイツは政治力、経済力ともに同等でした。西ドイツがしたように、一九九七〜九八年のアジア通貨危機が起きたときアメリカ金融・資本帝国から抜け出し、アジアの地域帝国の構築をするチャンスはゼロではなかった。歴史的なチャンスは一瞬にあるのみで、それを逃すと取り返しがつかないのがつねで、日本はそれを逃したのです。それでも、まだ残されているわずかなチャンスがEU加盟申請です。

つまり、現状の東アジア情勢を考えれば、「地域帝国」の構築はありえません。しかし一〇〇年単位で考えれば、東アジア、あるいはアジア全体も大きく変容するでしょう。そのときに備えて、日本ならではの「地域帝国」のビジョンをつくっておくことは重要です。それはアジアのなかで、もっとも早く近代化を遂げ、ポスト近代の条件を整えた日本の責務とも言えるでしょう。

▼「定常状態」実現のための三つのハードル

EU帝国が抱える課題からもわかるように、「閉じた地域帝国」を実現するには、成長至上主義と決別し、定常状態への移行を遂げねばなりません。国民国家と資本主義という近代システムの終焉までにまだ数十年の時間はかかります。その間に「ゼロ金利」「ゼロ成長」の定常状態を世界にさきがけて実現することで、日本はポスト近代の先頭に立つことができるのです。

定常状態へ移行するには、少なくとも三つのハードルをクリアしなければなりません。

第一に、定常状態を実現するためには、ゼロ金利だけでは不十分であり、財政を均衡させる必要があります。というのも、国が巨額の債務を抱えていると、ゼロ成長下においては国債の利払いのための税負担が増加してしまうからです。

したがって財政均衡を実現するためには、二〇一六年度末で八三七・八兆円にも及ぶ普通国債（財務省公表）[*9]をこれ以上増やさないこと、そして毎年のフローとしての国債発行額をゼロにすることが重要です。

現在の日本が財政破綻しないのは、民間の実物資産や個人の金融資産が、国の借金であるおよそ一二〇〇兆円を大きく上回っているため、市場からの信頼を失わずに済んでいるからです。

しかし、それが永続する保証はありません。現在のように財政赤字を重ねていけば、いずれ国内の資金だけでは国債の消化ができず、外国人に国債を買ってもらわなければならなくなります。

実際、二〇一六年一二月末時点で、日本銀行の「資金循環勘定」（速報値）によると、外国人投資家は、日本の国債・財投債残高八五四兆円のうち、六・二％にあたる五三・一兆円を保有しています。六・二%という比率はまだ低いものの、問題はその比率が徐々に上がってきていることです。[*10]

この割合がさらに高まれば、外国人投資家の国債市場に与える影響力が大きくなります。これをシュトレークは「債務国家」[*11]と呼び、市場の力に国家が振り回されることに警鐘をならしています。典型例が、ギリシャです。ギリシャ危機後、国家の判断として政策を打つ自由をなくし、国民は大変苦しみました。

そうならないうちに財政均衡を実現できるかどうかが、近代の次の新しい社会をつくるための第一のハードルとなります。

第二のハードルは、エネルギー問題です。早晩、化石燃料には頼れなくなるのですから、エネルギーを国産化し、自給率を高めていくことが国家的課題となります。少なくとも、家庭が使うエネルギーは太陽光パネルと蓄電池（自動車）で賄うことが必要です。これだけで日本が輸入する化石燃料代の四分の一くらい、[*12]金額にして七～八兆円を節約できるのです。

エネルギー問題は、日本のみならず、人類の存続にとって死活的に重要です。

このまま化石燃料依存を続け、資本主義を延命させれば、資本主義が終わらずとも、人類全体が危機に陥ってしまう。それを回避するためにも、日本がさきがけて、再生可能なエネルギーへと転換することが必要なのです。

もちろん、近隣諸国と友好的な関係を結び、外からのエネルギーが安定的に輸入できる状況をつくっておくことも大切です。

そして第三のハードルは、「地方政府」を視野に入れた地方分権です。日本を五つか六つの経済圏に分け、それぞれを極力「閉じた空間」にする。エネルギー価格が高価な時代にあって、「より遠く、より速く」動けば、東京への一極集中と地方の消滅が加速します。地方が消滅すれば、エネルギーも食糧も自給できない東京も成り立ちません。

「閉じた経済」のなかで、できるだけ地域に密着した教育機関や企業、金融機関を充実させていく。売上高の一一％を占める企業利潤を人件費に順次振り替えていけば、人件費はおよそ一・五倍に増えます。家計はその一部を地域金融機関に利息ゼロの株式預金として預け、現物の配当を受ける。つまり、地域住民が地域金融機関を通じて、企業の利害関係者となるのです。

▼「より近く、よりゆっくり、より寛容に」

近代システムは、科学革命がもたらした均質で無限の時間・空間を前提に成立していきました。その理念は「より遠く、より速く、より合理的に」という三点に集約できます。

だとすれば、「新中世」へと後ろ向きに歩んでいくポスト近代の理念は、「より遠く、より速く、より合理的に」をすべて反転させて「より近く、よりゆっくり、より寛容に」とすることが必要です。

「より近く」は、グローバル化ではなくローカル化を目指すということです。株式会社もそのあり方を変えていかざるをえません。「より近く」を適用すると、現金配当を止めて、サービス配当に切り替え、かつ利益は極大化ではなく、最小化で十分となります。こうすれば、地球の裏側の「遠い」株主は近寄ってきません。地域住民が株主（あるいは地域金融機関が地域住民の預金を通じて株主）になり、会社がより身近になります。

すでに、日本国「大借金」会社は、国債保有者に現金利払いを止めて、オバマ前アメリカ合衆国大統領もうらやむ社会保障給付を通じて「サービス提供会社」に変貌しています。二一世紀が「新中世」に向かっているとすれば、すでに日本国「大借金」会社はそうなっているのです。中世には借入（国債）と出資（株式）の区別はなかったのです。二一世紀の国債保有者（実際は預金者）は日本国に対する出資者なのです。出資の見返りは社会保障というサービス配当です。

「よりゆっくり」を経済的に言えば、四半期決算のような短期の成果を求めず、手間暇をかけて物事とつきあう態度です。また、働き方改革は社会に「ゆっくり」と出るように教育制度を改めることです。二一世紀の新しい社会を考えるには、成功体験にとらわれている六〇歳以上の人よりも若い世代に託すほうがよく、かつ秩序が乱れているときは、専門家を養成するのではなく、総合的な学問を身につけさせなければなりません。

中世においては、リベラル・アーツ[*13]を重視しました。「長い一六世紀」に活躍したのは、哲学、科学、芸術の素養をすべて身につけた人々でした。リベラル・アーツは自由に生きるための技法を学ぶことが目的です。リベラル・アーツを身につけていない人は「忖度」にはたけていて、それだけで「歴史の危機」を乗り切ろうとします。まさに「歴史の危機」においてこそ、リベラル・アーツを学んだ人が国の方向性を考える資格があるのです。

大学のわずか四年間でこれらの学問を習得するには時間が足りないのです。幸いにも現代では健康年齢が長くなっているので、定年を後ろにずらせば、働く人が減少することはありません。

「より寛容に」は、一六世紀のエラスムスを手本にすることです。偉大なヒューマニストであるエラスムスは、寛容主義者であり、ローマ教会とルターの間を取り持つことに腐心しました。彼の試みは失敗に終わり、「寛容よりも合理性」というモノサシが西欧文明の根幹に居座ったままではあります。しかし、現代の「テロの時代」の対立、つまりキリスト教とイスラム教の対立を「合理性」で解くことはできません。宗教戦争の際にエラスムスが取った寛容の態度を新たに時代精神として呼び戻す必要があるのです。

▼「近代の秋」を見届ける私たちにもある選択権

おそらく多くの人にとって、「閉じた帝国」や「資本主義の終焉」は絵空事のように聞こえるかもしれません。それは中世でも同じでした。

『中世の秋』で著名な歴史家ヨハン・ホイジンガ（一八七二〜一九四五年）は次のように言います。

中世から近代への移行の光景は一度の大きな波の打ち寄せではなく、岸辺に寄せる波の長い連なりであって、波のひとつひとつは、ちがった場所で、ちがった瞬間にくだける。旧と新との境界は、あるいはここ、あるいはあそこにひかれている。文化の諸形式、思想のさまざまが、それぞれに固有の時点でおもむろに転回する。この変化のさまは、文化複合体の全体に一度にかかるていのものではない。[*14]

一夜明けて突然、中世から近代に変わったわけではなく、そのプロセスにおいては、さまざまな変化の兆候が「ちがった場所で、ちがった瞬間に」生起します。

小さな波が寄せたり引いたりするということは、一方向に新しい変化へ向かうのではなく、当然、バックラッシュ（反動）が幾度となく起きるわけです。

中世から近代への移行に二〇〇年かかったとすれば、近代からポスト近代への移行も一〇〇年単位の時間を必要とします。移行期が一九七〇年代後半から始まったと考えれば、ポスト近代の完成は二一〇〇年ごろでしょう。

つまり、私たちの世代が、近代以降の社会システムの完成形を見ることはないかもしれません。

ホイジンガは、『中世の秋』を書くに際して準備した論文で次のように記しています。「中世後期を、きたるべき時代を予告するものとしてではなく、すでに過ぎ去ったものが死滅する時季としてとらえたらどうか[*15]」と。

私たちも今、「中世の秋」ならぬ「近代の秋」を生きています。そこでできることは、過ぎ去ったものの死滅を見届け、二一〇〇年を生きる世代に希望のバトンを受け渡すことです。そのためには、ゆっくりとでよいので近代システムと手を切る決断が必要です。未来の姿は、すぐには形を現してきません。ただ、どちらの方向に舵を切るのか。その選択権だけは、私たちの手にあるのです。

おわりに――茶番劇を終わらせろ

法政大学に移ってすぐに、同大学自然科学センター所長の小池康郎教授主催の研究会「さいえんすかふぇ　えねるぎぃっ亭―化石燃料と近代と未来社会」に参加し、彼のお話を伺う機会がありました。

小池教授によれば、「エネルギー源の性格は社会を規定します。化石燃料は莫大なエネルギーを集中的に発生させることが可能であり、現代社会はそれを仮定して出来上がっています」。この時代を「後で人類が振り返ったとき、人々は近代と呼ばないでしょう。おそらく化石燃料時代と呼ぶでしょう」。

そして、「エネルギーの限界が先に」くると、「近代主義は続き」「そこで資源争奪の争いが、人類が経験したことのない規模で起こるでしょう」と。

しかし、近代資本主義の「メカニズムの限界が先に見えてくることは、人類にとって大変ありがたいことだ[*1]」と小池教授は言います。まさにゼロ金利が近代資本主義の限界を示しているのです。

日本とドイツのゼロ金利は資本の希少性から解放されたということに加えて、エネルギー問題の観点から見ても「資本主義の終焉」は望ましいことなのです。

私たちが経験している「歴史の危機」は、実に深刻なものなのに、危機の本質を見抜いて、対処しようとすることはなかなかできません。本質を見誤ったまま、逆効果しかもたらさない対症療法を積み重ね、ますます危機を深めてしまう。フロンティアが消滅した現代では、成長を追い求めれば追い求めるほど、民間企業は巨大な損失を被り、国家は秩序を失ってしまうのです。

幸福を求めることと引き換えにエネルギーの浪費を続けるならば、いずれ資源をめぐる戦争も起こりえます。

こうした逆説は、経済書を読むだけでは説明できません。かのケインズも、「モラル・サイエンス（道徳哲学の上に成り立つ学問）」としての経済学を提唱しましたが、主流派の経済学はその声に耳を傾けることはありませんでした。

塩野谷祐一の著した『経済と倫理』によれば、「たまにケインズのような人が、経済学はモラル・サイエンスであるというような古めかしい発言をすると、話題になるほどであった」し、主流派経済学は「経済のメカニズムに関する認識が社会の倫理的規範から独立を勝ち取」り、「経済は経済だけで独自の秩序と規則を持つことが経験の中から見出された」[*2]。つまり、価値判断を伴う分配の問題などの正義が関わる領域は、経済学の領域ではないとするのが主流派の考え方なのです。

一方で、資本主義そのもののなかに、単なる利益追求を超えた可能性を見たり、本来、「倫理」が求められている領域があるはずだという指摘もあります[*3]。しかし、「過剰」なまでに資本を蓄積するのが資本主義の本質なのであって、「倫理」は資本主義、あるいは経済の外に求められなければなりません。

＊

私は、歴史、哲学、宗教、社会学、文学など、さまざまな分野の本に、「歴史の危機」を読み解く手がかりを求めてきました。そうして、現代の「長い二一世紀」が「長い一六世紀」以来の大転換の時代であることに思いいたったのです。

「長い一六世紀」に起きた最大の転換とは、古代・中世と続いた「閉じた宇宙」という世界観が、「無限空間」という世界観にとって代わられたことでした。それはまた、シュミットが言うように、ローマ帝国以来の「陸の時代」から、オランダ、イギリス、アメリカが覇権を継承していく「海の時代」への転換でもありました。

近代の終わりであるとともに、ノアの大洪水のときに始まった「蒐集」の歴史の終わりでもあるのです。人類を救済するために「蒐集」したのですが、二一世紀の現在、資本を「蒐集」すればするほど、能力差では説明ができないほどに格差が広がっています。その結果、アメリカで白人の自殺率が高まったり、ヨーロッパでテロが横行したりするなど、社会秩序が乱れていくのです。

フロンティアなき「長い二一世紀」は、時代の歯車が逆回転しています。つまり、世界史は再び、閉じてゆくプロセスに入ると同時に、「陸の時代」へと舵を切ろうとしているのです。事実、アメリカの衰退とともに、EU、中国、ロシアといったかつての陸の「帝国」が存在感を強めています。

世界史は、つねに「帝国」とともにありました。近代にあっても、主権国家システムの背後では、覇権国が「非公式の帝国」として君臨していました。しかし、本書で述べてきたように、今や主権国家の機能不全が明らかになり、複数の「帝国」が再び世界システムの表舞台に立とうとしているのです。

長い目で見れば、ユートピアが存在しないように、国民主権国家と資本主義からなる近代システムも完璧ではありません。近代システムを解体するときもいつかはやってきます。その先に展望されるポスト近代システムとして、本書は「閉じた帝国」と「定常経済圏」のふたつを挙げました。

「長い二一世紀」という混乱期を経て、世界は複数の「閉じた帝国」が分立し、その帝国の中でいくつかの「定常経済圏」が成立する。この理想に近づくことができた帝国こそが、うまく生き延びていくのでしょう。

あまりに突飛な発想だと思うかもしれませんが、イギリスのEU離脱やトランプ大統領の誕生が示すように、すでに現実の世界は「閉じる」ことを選択しつつあります。そしてまた、食糧やエネルギーの自給、地産地消を目指す地域も増えてきました。

とはいえ、「閉じた帝国」という中世回帰の動きは始まったばかりであり、建前上は主権国家システムが継続しています。近代を維持・強化しようと考える勢力と、ポスト近代への移行を目指す動きとのせめぎあいが起きているのです。その機能不全が「歴史における危機」となってあらわれているのが現在の状況です。「歴史の危機」を前半と後半に分ければ、前半は既存システムが優勢で、後半は新しいシステムを目指す勢いが徐々に増してくるというのが、これまでのパターンです。

資源争奪のための戦争が起こる前に、各国が自国の生存にのみ興味を払う主権国家システムを捨て、「閉じた帝国」が、定常経済を築き、帝国内の秩序に責任をもつようにしなくてはなりません。

*

問題は、その新しい時代に向けて先頭を走る国や地域はどこか、ということです。

そのヒントも、ケインズが指し示しています。

ケインズは、ゼロ金利になることを望ましいことだと考えていました。それは、資本の希少性に人間が翻弄されなくなるからです。伊東光晴の『現代に生きるケインズ』にはこう書かれています。「経済も経済学も、それ自身の中に目的があるのではない。政治も政治学もしかり。ケインズにとって実現さるべき目的は、ムーアによって導かれた人間の生き方[*4]」だった。このムーアとは、若き日のケインズの師であり、『倫理学原理』で知られる哲学者です。

ケインズの言う「人間の生き方」とは、伊東の言葉を借りれば、「人生の目的として、人間交流の楽しみ＝愛、美しきものに接すること＝美、そしてケンブリッジ知性主義＝真を求め[*5]」ることです。すなわち、「愛・美・真」の三つです。「合理性」と「貨幣」を至上のものとする近代は、この三つを価値のないものとして捨て去りました。

シュミットによれば、「近代文明は、超越的なるものを放棄し、正義を力に、信義を予測可能性に、真理を世論の合意に、美を趣味に、キリスト教を平和団体へと、価値を変造した[*6]」。このようにシュミットが認識したのは一九一六年で、ドイツ第二帝政[*7]の崩壊の二年前のことでした。

ケインズが資本主義の先にあるものとみなした「愛・美・真」とは、近代を堕落の歴史と見て、近代は「神に対する叛逆[*8]」であると断罪するシュミットが「神学の時代」には存在していたとするものと同じだったのです。

信義とは「予測可能性」であるという近代の法則は、トランプ大統領には通用しません。トランプ大統領はわざと予測不可能な言動をしていると指摘されています[*9]。トランプ大統領の頭のなかには近代の仕組みを維持していこうという意識はないでしょう。そうでなければ、メキシコとの国境に壁をつくるという大統領令にサインなどしないはずです。

＊

先人たちの言葉を頼りに考えれば、「愛・美・真」の三つを人類史上初めて追求できるのは、一〇年国債利回りがゼロ％となり、資本の希少性を解消した日本とドイツだけであることがわかります。というのも「愛・美・真」は、近代の視座に入っていないもので、資本の希少性を解消した先、すなわち近代を乗り越えたシステムにしかないからです。

にもかかわらず、日本はＥＵ帝国を先導したドイツとは対照的に、対米従属に固執し、国民国家のまま、「閉じたアメリカ」の中で搾取される従属体制を強化しようとしています。

そして主流派経済学者も政府も、「愛・美・真」や「人間の生き方」にはまったく無頓着で、人口＝労働力と捉えて、供給力の減少を阻止するための「一億総活躍社会」と「働き方改革」を叫ぶばかりです。

＊

本書と前著『資本主義の終焉と歴史の危機』は、ゼロ金利がなぜかくも長期にわたって続くのだろうという疑問に対するひとつの回答を示したつもりです。でも、経済学視点からだけ見ていたのでは、おそらくこのような結論には到達しなかったと思います。

鈴木忠志が演出する演劇を富山県南砺《なんと》市利賀《とが》村で開催される「SCOT サマーシーズン」

で二〇〇八年から毎年観続け、そこから大きな衝撃を受けなければ、ふたつの本はこの世に出てなかったと思っています。

鈴木忠志演出の『世界の果てからこんにちは』では、次のようなセリフがあります。[*10] 「日本の国には灯《あかり》がついているかい」と主人公（老人ホーム経営者）の娘がたずねると、父は「灯。どの国にだって灯なんかあるはずがないじゃないか」と答えるのです。娘に「アメリカはどうだろ」とたずねられ、「もちろん消えたよ。おまえ、今日はどうかしているぞ」と答えるのです。そしてしばらくして外で騒ぎがあり、それを見に行った娘が「日本が、父ちゃん、日本が、お亡くなりに」と報告するシーンに続きます。頭に雷が落ちたのではと思うほどの衝撃です。

この作品の初演は一九九一年です。一九九一年というのは、本書で取り上げた生産力競争の破綻が、ソビエト連邦解体と日本のバブル崩壊で明らかになった年でもあるのです。もちろん、二〇〇八年に初めて『世界の果てからこんにちは』を観たときには、頭が混乱するばかりでした。何度も観ているうちに、精神を病んだ老人ホームの経営者の、日本にもアメリカにも灯なんかついていない、という発言が、「資本主義の終焉」と結びつくように思えてきました。

経済学が全体のなかに個をみる学問だとすれば、芸術は個のなかに全体を見るのだと思います。主人公である老人ホームの経営者の発した一言が、近代社会の本質を見抜いたのだと考えたのです。

鈴木演劇のなかには、日本がとうの昔に亡くしてしまった「愛・美・真」の三つがあるという思いがますます強くなってきました。現実に生きている世界が病院であって、病院を舞台にした鈴木演出の演劇にしか「愛・美・真」はないのであり、毎年利賀村に行かないことには、現実の世界で何が起きているのかがわからないと痛感しています。

ブルクハルトは「歴史の危機」において、指導者の質が劣化し、「希望という華々しい茶番劇[*11]」が繰り広げられる法則があると書き残しています。アメリカとともに成長教の茶番劇を演じ続けるのか、ポスト近代システムの実験へと一歩を踏み出すのか。世界的ゼロ成長が完成しつつある今、日本は危機の本質に立ち戻って考えなくてはならないのです。

註

はじめに

1　ナオミ・クライン『ショック・ドクトリン──惨事便乗型資本主義の正体を暴く』（上・下）幾島幸子、村上由見子訳　岩波書店　二〇一一年

第一章　「国民国家」では乗り越えられない「歴史の危機」

1　ジョン・エルスナー、ロジャー・カーディナル編著『蒐集』高山宏、富島美子、浜口稔訳　研究社出版　一九九八年、一一頁

2　大黒俊二『嘘と貪欲──西欧中世の商業・商人観』名古屋大学出版会　二〇〇六年、五八頁

大黒は、ピエール・ド・ジャン・オリーヴィの『契約論』のなかで、今の「資本」の概念が確立されていたことを指摘している。「彼の資本概念は『固い決意』が必要とされる点で今日のそれとは異なるものの、この一点を除けば、ほぼ今日の用法に重なるといってよい。その意味ではオリーヴィは一三世紀の『資本論』を著したのである」

3　トマ・ピケティ『21世紀の資本』山形浩生、守岡桜、森本正史訳　みすず書房　二〇一四年、三四五頁

「重役たちがレジに『手を突っ込んでいる』と非難するのは行き過ぎかもしれないが、このたとえはアダム・スミスの市場の『見えざる手』というたとえよりはたぶん適切だ」

4　労働分配率は八〇年代後半のバブル期に低下し、バブル崩壊で上昇したので、一九八五〜九七年度の平均値（四四・四%）と実際の値の差を計算し、累計した。たとえば、二〇一五年度の労働分配率は四〇・五%だったので、四四・四%との差三・九%を金額に換算すると、二一・五兆円となる。一九九八年度以降、累計すると一八七兆円になる。

5　日本労働組合総連合会（連合）が働く人々の代表を自任するなら、労働者代表訴訟をして一八七兆円の返還請求をすべきである。それができないなら、連合は名称を変える必要がある。他の党に対して名称変更しないと応援できないなどと言う資格はないのである。

6　フェルナン・ブローデル『〈普及版〉地中海Ⅱ──集団の運命と全体の動き1』浜名優美訳　藤原書店　二〇〇四年、一六五頁

7　カール・シュミット『陸と海と──世界史的一考察』（原著一九四二年）生松敬三、前野光弘訳　慈学社　二〇〇六年、

五三頁

8 日本銀行「経済・物価情勢の展望」二〇一六年一〇月、図表一〇参照。

9 OECD "Key Statistics on migration in OECD countries" による。

10 アメリカで、初めて石油の採掘に成功した一九世紀半ばから、自動車の大量生産が始まる前年の一九〇七年までの期間の原油価格と米消費者物価の平均値を一〇〇として、交易条件を計算した場合、一九七〇年に先進国の交易条件は三・六二倍となった。

11 マージョリー・シェファー『胡椒―暴虐の世界史』栗原泉訳　白水社　二〇一五年、三四頁

12 シェファー　前掲書、四二頁

13 シェファー　前掲書、三七頁

14 シェファー　前掲書、四一頁

15 シェファー　前掲書、三七頁

16 シェファー　前掲書、三七頁

17 シェファー　前掲書、四二頁

18 ピケティ　前掲書、二六頁

19 イマニュエル・ウォーラーステイン『近代世界システムI―農業資本主義と「ヨーロッパ世界経済」の成立』川北稔訳　名古屋大学出版会　二〇一三年、二〇一頁

20 ウォーラーステインは「一五五七年は、いわばこうした試み〈経済活動の全範囲をカヴァーするような政治機構としての帝国を復興〉が水泡に帰した年だった」と指摘し、この年を「長い一六世紀」の前半と後半を分ける境界線とした。シュミット　前掲書、四七頁

21 シュミットは、「かれらの英雄的な時代はまる一五〇年間続いたが、それはおよそ一五五〇年から一七一三年まで、プロテスタント諸国がカトリックの強国スペインに対して始めたたたかいからユトレヒトの平和条約までの時期にあたる」と述べている。

22 フェルナン・ブローデル『〈普及版〉地中海Ⅲ―集団の運命と全体の動き2』浜名優美訳　藤原書店　二〇〇四年、一六六～一六七頁

ブローデル　前掲書、一六七頁

23 ピケティ　前掲書、三三九頁
24 「世界鉄鋼協会エダー会長に聞く　中国の設備過剰長引く」日本経済新聞　二〇一六年八月一九日朝刊
25 スーザン・ストレンジ『国家の退場』櫻井公人訳　岩波書店　一九九八年、三〇二頁
26 ジョン・ケネス・ガルブレイス『不確実性の時代』斎藤精一郎訳　講談社学術文庫　二〇〇九年、三六二頁
27 ガルブレイス　前掲書、三六四頁
28 二〇一四年四～六月期から二・四半期連続マイナス（二〇一四年四月に消費税五％から八％へ引き上げ）、二〇一五年四～六月期からも二・四半期連続マイナスとなっている。結局、二〇一六年一月の時点でも二〇一四年一～三月期の生産水準を更新できなかった。
29 一九七五年度から一九九七年度のデータを使って、交易条件と生産量の間の決定係数を計算すると〇・〇七三となり、両者の間にはほとんど相関関係がないことがわかる。一方、一九九八年度から二〇一六年度までの両者の決定係数は〇・五九五（相関係数＝〇・七七）で、両者の間には高い相関関係があることがわかる。
30 実質ＧＤＩ＝実質ＧＤＰ＋交易利得。交易利得は指数である交易条件を金額換算したもの。
31 Ian Morris, *The Measure of Civilization: How Social Development Decides the Fate of Nations*, Princeton University Press, 2013, pp.240 ~ 241
32 マーティン・W・サンドラー『図説 大西洋の歴史―世界史を動かした海の物語』日暮雅通訳　悠書館　二〇一四年、三四七～三四九頁
33 カール・シュミット「中立化と脱政治化の時代」（原著一九二九年）長尾龍一訳、『カール・シュミット著作集Ⅰ　1922―1934』長尾龍一編　慈学社　二〇〇七年、二〇六頁
34 シュミット　前掲書、二〇七頁
35 タイラー・コーエン『大停滞』池村千秋訳　若田部昌澄解説　NTT出版　二〇一一年、四〇～四一頁
36 コーエン　前掲書、三九頁
37 ヴォルフガング・シュトレーク『時間かせぎの資本主義―いつまで危機を先送りできるか』鈴木直訳　みすず書房　二〇一六年、一二一頁
38 シュトレーク　前掲書、一二一頁
39 フランシス・フクヤマ『歴史の終わり』（上）渡部昇一訳　三笠書房　一九九二年、一三頁

40 カール・シュミット『政治神学』田中浩、原田武雄訳　未来社　一九七一年

第二章　例外状況の日常化と近代の逆説

1 ブローデル　前掲『〈普及版〉地中海Ⅲ―集団の運命と全体の動き2』、七五頁
ブローデルは、一五七五年に四・二五%だったイタリア・ジェノヴァの金利がそれ以降低下が続き、一六一九年に一・一二五%の過去最低を記録したときの状況について、「この時代には、銀と金は投資の手段を見出すのが困難」と指摘している。

2 イタリア・ルネッサンス建築で代表的なサン・ピエトロ大聖堂は一五〇六年に教皇ユリウス二世によって大改築が開始され、一六二六年にようやく完成した。

3 スペインは、一四九二年にイスラム教徒が支配するグラナダ王国を滅ぼして、ジブラルタル海峡を自由に航行するようになり、大西洋への道が開けた。

4 「大航海」時代の初期には胡椒が富そのものだった。コロンブスもバスコ・ダ・ガマも、インドへ向かった直接の動機は貨幣の代替物である胡椒を求めるためであった。

5 ウォーラーステイン　前掲『近代世界システムⅠ―農業資本主義と「ヨーロッパ世界経済」の成立』、二〇一頁

6 シュミット　前掲『政治神学』、一三頁

7 カール・シュミット「政治神学―主権論四章」（原著一九二二年）長尾龍一訳、前掲『カール・シュミット著作集Ⅰ　1922―1934』、九頁

8 シュミット　前掲書、九頁

9 ウィレム・ブイター「マイナス金利下限撤廃を―負の預金金利は可能」日本経済新聞　二〇一六年三月二九日朝刊
ブイターによれば、「デンマーク、スウェーデン、スイスの中央銀行当座預金金利のマイナス幅が〇・五%を超えているのは、おそらくモラル・スエージョン（道徳的説得）の結果だ。つまり超過準備を引き出して現金で保有しないよう、市中銀行に個別に要請しているのである」。

10 日本金融学会における植田和男審議委員による特別講演（二〇〇一年一〇月三日）。
https://www.boj.or.jp/announcements/press/koen_2001/ko0110a.htm/

11 GDP統計が存在する一九五五年四～六月期から、日本銀行が、過度の物価下落を懸念してコールレートを〇・七五%に引き下げた一九九五年七～九月期までの平均。

12 名目GDP五〇五兆五一五〇億円の六・一四七％。端数は四捨五入。
13 ブイター 前掲紙
14 私情にとらわれずにエリートが経済的政策をおこなうことが必要だという前提で、ケインズの生誕の地にちなんでつけられた。
15 竹岡敬温『近代フランス物価史序説—価格革命の研究』創文社 一九七四年、一〇頁
16 一五二九年、オスマン・トルコのスレイマン大帝のウィーン包囲がある。
17 竹岡 前掲書、一一頁
18 ジョルジョ・アガンベン「法治国家から安全国家へ」西谷修訳、『世界』二〇一六年三月号 岩波書店、二〇二頁
19 アガンベン 前掲誌、二〇三頁
20 アガンベン 前掲誌、二〇五頁
21 ジャック・アタリ『所有の歴史—本義にも転義にも』山内昶訳 法政大学出版局 一九九四年、二三一頁
22 大黒俊二 前掲『嘘と貪欲—西欧中世の商業・商人観』、五八頁
23 二〇一七年二月、日本フランチャイズチェーン協会調べ。
24 二〇一五年の世帯数。国立社会保障・人口問題研究所、二〇一三年一月推計。
25 日本の総人口は平成二九年三月一日現在、概算値で一億二六七六万人（総務省統計局の人口推計）。
26 北海道の平均世帯人員は二〇一五年に二・一四人（国立社会保障・人口問題研究所、二〇一四年四月推計）であり、一八〇〇人を二・一四で割れば、北海道のコンビニ一店舗あたりの世帯数は八四一世帯となる。全国ベースでは、コンビニ一店舗あたりの世帯数は九六三となり、コンビニ一店舗が抱えている商圏（世帯数）は北海道と大して変わらない。
27 セブン-イレブンホームページ。http://www.sej.co.jp/concept/
28 ヤマトホールディングス「ファクトデータ2016」。二〇一七年三月期のヤマトホールディングスの売上高営業利益率は四％を下回ると予想されており（『日経ビジネス』二〇一七年三月六日号、一三頁）、リーマン・ショック後で最も低かった二〇〇九年三月期の四・五％を下回ることになる。
29 リュシアン・フェーヴル『〝ヨーロッパ〟とは何か？』長谷川輝夫訳 刀水書房 二〇〇八年、三六二頁
30 ピケティ 前掲『21世紀の資本』、二八五頁
31 ピケティ 前掲書、二八五頁

32 ピケティ　前掲書、三九一頁
33 ピケティ　前掲書、五〇〇頁

第三章　生き残るのは「閉じた帝国」

1 ジョン・ギャラハー、ロナルド・ロビンソン「自由貿易帝国主義」（原著一九五三年）川上肇訳、ジョージ・ネーデル、ペリー・カーティス編『帝国主義と植民地主義』川上肇、住田圭司、柴田敬二、橋本礼一郎訳　御茶の水書房　一九八三年、一三〇頁

2 Michael W. Doyle, *Empires*, Cornell University Press, 1986
山本有造〝「帝国」とはなにか〟、山本有造編『帝国の研究―原理・類型・関係』名古屋大学出版会　二〇〇三年、一八頁

3 一九八一年に米大統領に就任したレーガンは「強いドル」政策をとったが、一九八五年九月のプラザ合意でその路線は破綻した。

4 宇沢弘文『ケインズ『一般理論』を読む』岩波現代文庫　二〇〇八年、二五九～二六〇頁
宇沢によればケインズは「現在の銀行、金融制度のもとでは、ある最低限の水準以下に利子率を下げるということは不可能となるであろう。これは、借り手の信用にもかかわるものであって、とくに、短期の貸付けについては、どんな状態のもとでも、最低限一・五％から二％の利子率は止むを得ないものになるであろう」と考えていた。

5 土谷英夫『1971年―市場化とネット化の紀元』NTT出版　二〇一四年、六頁
土谷は「MPUと@が生まれた一九七一年を、ネット社会のビッグバンの年と呼んでもさしつかえない」と言う。市場化とIT革命が同じ年にスタートして、一九九〇年代に国際資本の完全移動性が実現したときに、両者は一体化した。

6 アメリカの男性（勤続一五年超）の実質賃金は一九七三年以降、下がっている。
U.S. Census Bureau, Current Population Survey, 1961 to 2016 Annual Social and Economic Supplements.

7 カール五世（神聖ローマ皇帝在位一五一九～五六年）の息子であるフェリペ二世（在位一五五六～九八年）は、一五五七年に財政破綻宣言をおこなった。同時にフランス、ヴァロア家のアンリ二世（在位一五四七～五九年）も財政破綻宣言をおこなった。

8 ウォーラーステイン　前掲『近代世界システムI―農業資本主義と「ヨーロッパ世界経済」の成立』、一九九～二〇一頁

「(スペインとフランスの) 両国が破産したために戦火はたちまち消え、一五五九年にカトー・カンブレジ条約が締結された」「一五五九年にスペインとフランスが締結したカトー・カンブレジの講和条約は決定的な意味をもっていた」

9 ウォーラーステイン　前掲書、二一〇頁

10 ウォーラーステイン　前掲書、二〇九頁

11 フランスは二〇一五年一一月のパリ同時テロ事件から続く非常事態宣言を、二〇一六年一二月一五日に、二〇一七年七月まで延長することを決めた。延長の決定は五回目である。

12 ヘドリー・ブル『国際社会論―アナーキカル・ソサイエティ』臼杵英一訳　岩波書店　二〇〇〇年、一八頁

国際秩序とは、「主権国家から成る社会の主要な基本的・普遍的目標を維持する国際的な活動の様式ないし傾向のこと」をいう。

13 ブル　前掲書、二二頁、二四頁

世界秩序とは、「人類全体の間での社会生活における主要な基本的目標を支えるような人間活動の様式ないし傾向のこと」をいう。世界秩序と国際秩序の違いは、「人類全体の間での秩序とは、国家間秩序よりもなにか幅の広いもの、なにかいっそう根本的で原初的なものである。また、同時に、国家間秩序よりもなにか道徳的に優先するものでもある」。

14 山本有造　前掲書、五頁

15 チャールズ・クローヴァー『ユーラシアニズム―ロシア新ナショナリズムの台頭』越智道雄訳　NHK出版　二〇一六年

16 カマラン・マンテック「揺れる中東　100年前の分断」(インタビュー)　朝日新聞　二〇一六年一二月五日朝刊

17 シュミット　前掲『陸と海と―世界史的一考察』、一七頁

18 シュミットは前掲書六四頁で、一六世紀以前のグローバル化として、この三つをあげている。

19 水野和夫、萱野稔人『超マクロ展望　世界経済の真実』集英社新書　二〇一〇年

20 アメリカ商務省、Bureau of Economic Analysis, GDP & Personal Income, NIPA Tables, SECTION 6, Table 6.16

21 シュトレーク　前掲『時間かせぎの資本主義―いつまで危機を先送りできるか』、一七三頁

22 シュトレーク　前掲書、二七一頁

23 エマニュエル・トッド『問題は英国ではない、EUなのだ―21世紀の新・国家論』堀茂樹訳　文春新書　二〇一六年、六四頁

24 ユルゲン・ハーバーマス「デモクラシーか　資本主義か？」三島憲一訳、『世界』二〇一六年九月号岩波書店、一八〇頁

25 ハーバーマス　前掲誌、一八〇頁

26 ハーバーマス　前掲誌、一八〇～一八一頁

27 ハーバーマス　前掲誌、一八八頁

28 ダニ・ロドリック『グローバリゼーション・パラドクス―世界経済の未来を決める三つの道』柴山桂太、大川良文訳　白水社　二〇一四年

29 アンガス・マディソン『世界経済の成長史　1820～1992年―199カ国を対象とする分析と推計』金森久雄監訳　財団法人政治経済研究所訳　東洋経済新報社　二〇〇〇年、二一頁

30 エルスナー、カーディナル編著　前掲『蒐集』、七頁

31 エルスナー、カーディナル編著　前掲書、一一頁

32 南川高志『新・ローマ帝国衰亡史』岩波新書　二〇一三年、一六一頁
「フン人については、彼らがどこから来たのか、どのような民族系統に位置づけられるのか不明であり、言語系統もわかっていない」

33 ヤーコプ・ブルクハルト『世界史的考察』（講義草稿一八六八年）新井靖一訳　ちくま学芸文庫　二〇〇九年、二九二頁

第四章　ゼロ金利国・日独の分岐点と中国の帝国化

1 土谷　前掲『1971年―市場化とネット化の紀元』、六頁

2 谷口智彦『通貨燃ゆ―円・元・ドル・ユーロの同時代史』日本経済新聞社　二〇〇五年、一九～二〇頁

3 プラザ合意のあった一九八五年九月末の日経平均株価は、一万二一七六円。

4 Michael W. Doyle, *Empires*, Cornell University Press, 1986, p.44 の Table2 を参照。

5 黒田晁生「日本銀行の金融政策（1984年～1994年）：バブルの発生と崩壊」『政経論叢』明治大学紀要　第80巻第5・6号　二〇一二年、五〇四～五〇五頁
一九八六年一〇月三日の衆議院予算委員会に参考人として出席した三重野副総裁は、マネーサプライの増加を理由に「乾いた薪の上にいるようなものだ」と証言し、将来のインフレ懸念を表明した。

6 IMF "World Economic Outlook Databases 2016"

7 上海総合指数は、二〇一五年六月一二日の五一七八ポイントをピークに、わずか二ヵ月半で三〇〇〇ポイント前後まで急落。さらに二〇一六年一月には二六五五ポイントまで落ち込んだ。この二回のチャイナ・ショックで、中国の土地バブル、株式バブルが弾けたことは明らかになった。短期間のうちに株価が三割以上も下落したのだから、「ショック」と称されるのもうなずける。

8 郭四志「急減速する中国経済を習近平は立て直せるのか」『中央公論』二〇一六年六月号、一四二頁

9 World Steel Association, *Steel Statistical Yeabook 2016.*

10 「中国、車工場二五〇〇万台分過剰」日本経済新聞　二〇一五年五月六日朝刊

11 内閣府『世界経済の潮流　二〇一六年Ｉ』、四八頁、および第二―一―六図参照。

12 二〇一六年一二月に名目固定資本形成が前年比で八・〇％と高い伸びにあり、二〇一六年の名目ＧＤＰの伸びが七・七％だったことから試算した。

13 Penn World Table のデータベース
http://www.rug.nl/ggdc/productivity/pwt/

14 日本の資本係数は一九九五年から二〇〇二年にかけて毎年約〇・〇四ポイントずつ上昇した。

15 New Maddison Project Database
http://www.ggdc.net/maddison/maddison-project/home.htm

16 郭四志　前掲誌、一四三頁

17 ウォーラーステイン　前掲『近代世界システムⅠ―農業資本主義と「ヨーロッパ世界経済」の成立』、一二〇頁

第五章「無限空間」の消滅がもたらす「新中世」

1 一九八〇年代の前半はレーガノミクスによるドルバブル、その後始末としての性格が強い日本の株式・土地バブル、一九九四年にはメキシコ通貨危機、一九九七年にはアジア通貨危機、一九九八年にはロシア危機、同時に日本の信用システム危機（一九九七〜九八年）、二〇〇〇年には米インターネットバブル崩壊、二〇〇八年にはリーマン・ショック、二〇一〇年にはギリシャ危機と、およそ三年に一度、バブルが起きては弾けている。

2 シェファー　前掲『胡椒―暴虐の世界史』、一九頁
「胡椒は金や銀と交換ができた」「中世の金持ちたちはなにがなんでも手に入れたがった」などの記述があるように、胡

椒は中世社会において権力と権威の象徴だった。

3 シェファー　前掲書、四一頁
「一四二八年、食料品商同業者組合はヘンリー六世から法人として勅許を与えられた。これにより土地の取得と保有が認められたうえ、竿と分銅の適正な使用を監督する権限を与えられた」「（食料品商同業者組合の）名称は、二五ポンド以上を計る『大竿秤《グレートビーム》』あるいは『ペソ・グロッソ』（約五〇キロの重量）と関係がある。『グローサー（食料品商）』とは、ペソ・グロッソで取引をする人（つまり卸売業者）を意味した」

4 一九八〇年代以降、三年に一度、「ショック・ドクトリン」が発動され、経済面における世界秩序が安定しなくても資本が蓄積できるようになった。

5 長尾龍一『リヴァイアサン―近代国家の思想と歴史』講談社学術文庫　一九九四年、六～七頁

6 長尾　前掲書、三四頁

7 覇権国は他の国に対して外交政策には影響を与えるが、国内政策には影響力を行使しない。第三章一一八頁参照。

8 長尾　前掲書、六頁

9 長尾　前掲書、二五三頁

10 志賀櫻『タックス・ヘイブン―逃げていく税金』岩波新書　二〇一三年、二四～二九頁

11 佐藤文隆『科学と人間―科学が社会にできること』青土社　二〇一三年、四三頁

12 野家啓一『パラダイムとは何か―クーンの科学史革命』講談社学術文庫　二〇〇八年、三一六頁
「『科学革命』という概念は、現在二つの意味で使われている。一番目はコイレによって提起され、バターフィールドによって歴史学上の概念として定式化された用法であり、一六世紀中葉に始まり一七世紀末に終結した西欧における近代科学の成立とそれに伴う知的変革の過程を意味する。具体的には、コペルニクス『天球回転論』（一五四三）の刊行からニュートン『プリンキピア』（一六八七）にいたる一五〇年間に生じた歴史的出来事を指す」

なお、「二番目はクーンの主著『科学革命の構造』において確立された用法」である。

13 シェファー　前掲書、四一頁
「一四二八年、食料品商同業者組合はヘンリー六世から法人として勅許を与えられた」とあり、この同業者組合が、商業目的の組織として世界最初の法人格を得た組織だった。

14 一五五五年に設立されたモスクワ会社は、一六二三年に消滅したので、一六〇二年のオランダ東インド会社が世界最初

の株式会社と言われている。

15 ブル　前掲『国際社会論―アナーキカル・ソサイエティ』、二九八頁

16 長尾　前掲書、三〜八頁

17 長尾龍一、水野和夫「グローバリズムの終焉　そのあと、国家はどうなるのか?」、『kotoba』二〇一七年冬号、二三七頁

「長尾　応急処置だったというのは、まさにそのとおりだと思います。当時の争いは、それでいったんは収束しました。しかし、根本的に危ういと思うのは、主権国家の上位にくる存在が何もない、という主権国家システムそのものの欠陥です。主権国家同士の争いについて、責任をもって処理する主体がない」

もともとは、カール・シュミットが「長い一六世紀」の人間の意識革命を指して言った概念。シュミット　前掲『陸と海と―世界史的一考察』、五一頁参照。

18 ニーアル・ファーガソン『文明―西洋が覇権をとれた6つの真因』仙名紀訳　勁草書房　二〇一二年、一八三頁

19 ファーガソン　前掲書、一七九頁

ピサロは一五三〇年に三度目のペルーの探検（インカ帝国の征服）に一八〇人で乗りだしたが、「ペルー高地に行き着いたときに残っていたのは、騎手六〇人、歩兵九〇人だけだった。彼らの大胆さには、五〇〇年を経たいまでも驚嘆する。彼らが征服を試みた帝国の人口は、五〇〇〇万人から一〇〇〇万人だったのだから」。

20 ファーガソン　前掲書、一八三頁

ファーガソンによれば、スペイン人の「ヘロニモ・デ・アリアーガはピサロの財務係として、ペルーの富全体を把握するよう命じられた。一五五〇年までには、およそ一〇〇〇万ペソ分の金がペルーから持ち出された。その半分が略奪したもの、残り半分が採掘したものだった」。

21 長尾　前掲書、七頁

22 アフリカを除くのは、アフリカが最後の「周辺」であり、資本主義は「周辺」の存在を前提にしているので、アフリカは購買力とはなりえないため。

23 Estimates of World GDP, One Million B.C. - Present より計算。

http://delong.typepad.com/print/20061012_LRWGDP.pdf

24 ジャンマリ・ゲーノ『民主主義の終わり』舛添要一訳　講談社　一九九四年、二七頁

25 宇沢　前掲『ケインズ『一般理論』を読む』、三四四頁

26 宇沢　前掲書、三四四頁

27 カール・シュミット『大地のノモス―ヨーロッパ公法という国際法における』新田邦夫訳　慈学社　二〇〇七年、二四頁

28 ブル　前掲書、三一七～三三〇頁

29 白石武志「あなたも収監されるかもしれない」日経ビジネス・オンライン　二〇一三年一〇月一〇日
http://business.nikkeibp.co.jp/article/opinion/20131008/254290/
「九月二六日には日立オートモティブシステムズやミツバ、三菱電機など九社が同省に自動車部品の価格カルテルを認めたと発表。罰金総額は九社合計で約七億四〇〇〇万ドル（七四〇億円）に上った。（略）日本企業にとって一連の価格カルテル事件がショッキングなのは、会社だけでなく従業員にも制裁金や禁固刑が科せられる点だろう。米司法省は個人にもカルテル行為の責任を負わせることを重視しており、一連の自動車部品カルテルでは日本人を含む合計二一人の従業員が米国で収監される見通しだ」

30 ピケティ　前掲『21世紀の資本』、一八一頁

31 「世界の富裕層上位8人の資産、下位50％と同額　NGO報告書」日本経済新聞　二〇一七年一月一六日電子版

32 J・M・ケインズ「わが孫たちの経済的可能性」（原著一九三〇年）、『ケインズ全集9　説得論集』宮崎義一訳　東洋経済新報社　一九八一年、三九一頁

33 Angus Maddison, Historical Statistics of the World Economy 1-2008 AD より計算。
http://www.ggdc.net/maddison/oriindex.htm

34 Angus Maddison のデータは二〇〇八年までなので、ＩＭＦのＧＤＰ統計を使って、二〇一六年まで延長。

35 ケインズ　前掲書、三九二頁
「進歩的な諸国における生活水準は、今後一〇〇年間に現在の四倍ないし八倍の高さに達すると私は予言しておこう」

36 ケインズ　前掲書、三九三頁

37 ケインズ　前掲書、三九四頁

38 ケインズ　前掲書、三九五頁

39 ケインズ　前掲書、三九七頁

40 ケインズ　前掲書、三九七頁

41 河邑厚徳＋グループ現代『エンデの遺言―根源からお金を問うこと』講談社＋α文庫　二〇一一年、三一〇頁

42 Angus Maddison 前掲サイトより計算。

43 Angus Maddison 前掲サイトより計算。

44 ブル　前掲書、三〇五頁

45 フェルナン・ブローデル『歴史入門』金塚貞文訳　太田出版　一九九五年、七八頁

46 東京商工リサーチ「全国企業倒産状況」の数字から。対象は負債総額一〇〇〇万円以上の企業倒産。
http://www.tsr-net.co.jp/news/status_before/yearly/1200623_1633.html
なお、二〇一六年は二兆六一億円と、二〇〇八年比で六分の一まで減少している。

47 財務省「法人企業統計年報」より。

48 一九九八年度の最終利益は五三三三億円の赤字。

49 配当の年率は一年ごとに〇・五%ずつ段階的に上がっていき、初年度が〇・五%。五年間全体で見ると年率一・五%になる（トヨタの場合、普通株の配当は二%以上なので、配当額はそれより低い）。五年目以降も新型株のまま保有し続けることもでき、その場合には二・五%の配当が得られる。

50 ガルブレイス　前掲『不確実性の時代』、三四頁

51 ガルブレイス　前掲書、三六三頁

第六章　日本の決断――近代システムとゆっくり手を切るために

1 電気事業連合会『原子力・エネルギー図面集　２０１５』、図一―一―六参照。
可採年数（＝確認可採埋蔵量／年間生産量）は石油で五三年、天然ガスで五五年、石炭で一一三年。しかし、エネルギー収支比が九〇%を切って低下していくと、年間生産量が加速的に増えることになって、可採年数は急速に低下する。

2 エネルギー収支比（Energy Return On Investment：EROI あるいは Energy Profit Ratio：EPR）とは、得られるエネルギー（出力）を、それを取り出すためのエネルギー（入力）で除して求められる。

3 欧州議会における「EUのエネルギー戦略」に関する公聴会（二〇一四年一一月五日）
EU Energy Security Strategy under the Conditions of the Internal Energy Market

4 アンソニー・ギデンズ『近代とはいかなる時代か？――モダニティの帰結』松尾精文、小幡正敏訳　而立書房　一九九三

年、一八〜一九頁
ギデンズは、近代とそれ以前の伝統的社会を区別する非連続性の特徴として、「変動の速さ」「変動の拡がり」、そして、「近代的制度の本質」の三つを挙げている。近代的制度として「国民国家という政治システムや、無生物エネルギー源への生産への全面的依存、生産物と賃金労働の徹底した商品化」を指摘している。
5 イマニュエル・ウォーラーステイン「トランプ大統領と世界」（インタビュー）朝日新聞　二〇一六年一一月一一日朝刊
6 前掲『原子力・エネルギー図面集 2015』、図一―一―五参照。
一人あたりのGDPと一次エネルギー消費量の間に正の相関関係があることを示している。この事実は、BOX1（七〇頁）で示した米国の労働生産性とエネルギー消費量の間に存在する正の関係が、各国においても成立することを裏付けている。
7 白井聡『永続敗戦論―戦後日本の核心』太田出版　二〇一三年、四七〜四八頁
8 長尾龍一『法哲学入門』講談社学術文庫　二〇〇七年、三七頁
9 財務省「最近10カ年間の年度末の国債・借入金残高の種類別内訳の推移」
国の借入残高も含めた国の借金は二〇一六年度末見込みベースで合計一一九一・四兆円。
10 政府短期証券も加えれば、外国人投資家は日本の国債を一一・六％保有している。
11 シュトレーク　前掲『時間かせぎの資本主義―いつまで危機を先送りできるか』、第一章
12 資源エネルギー庁『エネルギー白書2016（平成27年度エネルギーに関する年次報告）』、一五〇頁図表第二一二―二一一
最終エネルギー消費のうち、二〇一四年時点で家庭部門は一四・三％、運輸部門が二三・一％を占めている。運輸部門で過剰な宅配サービスを止め、企業が「より近い」経済圏で活動するようになって、半減させれば、およそ四分の一の化石燃料を節約できる。
13 猪木武徳『大学の反省』NTT出版　二〇〇九年、八四頁
「医師、法律家、神学者という専門的職業人（professionals）を育てるのが、大学のひとつの重要な機能ではあった。と同時に、ヨーロッパ中世の大学の科目群としてリベラル・アーツと呼ばれた『自由七科』が存在した。この自由七科はさらに、言語にかかわる三科目、文法、修辞学、弁証法（論理学）と、数学にかかわる四科目、算術、幾何学、天文

学、音楽学に分けられていた。哲学はこの自由七科の上位にあり、しかし神学の『はしため』として、倫理的思考を養う科目とされた」
14 Johan Huizinga, Het probleem der Renaissance.
堀越孝一「『中世の秋』を書くホイジンガ」、ヨハン・ホイジンガ『中世の秋Ｉ』堀越孝一訳 中公クラシックス 二〇〇一年、二三頁
15 Johan Huizinga, Mijin weg tot de historie.
堀越孝一 前掲論文、八頁

おわりに

1 小池康郎『自然エネルギー未来社会へ』法政大学自然科学センター 二〇一六年、二四頁、二六頁
2 塩野谷祐一『経済と倫理―福祉国家の哲学』東京大学出版会 二〇〇二年、一三頁
3 朝日新聞 二〇一七年一月三日 社説
4 伊東光晴『現代に生きるケインズ―モラル・サイエンスとしての経済理論』岩波新書 二〇〇六年、三三頁
5 伊東 前掲書、三一頁
6 長尾龍一「シュミット再読―悪魔との取引?」『カール・シュミット著作集Ⅱ 1936―1970』長尾龍一編 慈学社二〇〇七年、三二六頁
7 一八七一年のビスマルクによるドイツ統一から一九一八年、第一次世界大戦の敗戦まで。
8 長尾 前掲書、三二六頁
9 「焦点：予測不可能なトランプ政策、市場の潮目が変わる可能性も」ロイター 二〇一七年三月一〇日
10 『鈴木忠志演出・台本集Ⅲ―世界の果てからこんにちは 帰ってきた日本』（劇団SCOT）二〇〇九年、五四頁、七〇頁
11 ブルクハルト 前掲『世界史的考察』、二九八頁

水野和夫（みずの　かずお）

一九五三年、愛知県生まれ。法政大学法学部教授（現代日本経済論）。博士（経済学）。埼玉大学大学院経済科学研究科博士課程修了。三菱UFJモルガン・スタンレー証券チーフエコノミストを経て、内閣府大臣官房審議官（経済財政分析担当）、内閣官房内閣審議官（国家戦略室）などを歴任。主な著作に『資本主義の終焉と歴史の危機』（集英社新書）、『終わりなき危機　君はグローバリゼーションの真実を見たか』（日本経済新聞出版社）など。

閉《と》じてゆく帝国《ていこく》と逆説《ぎゃくせつ》の21世紀《せいき》経済《けいざい》

集英社新書〇八八三A

二〇一七年五月二二日　第一刷発行

著者……水《みず》野《の》和《かず》夫《お》

発行者……茨木政彦

発行所……株式会社集英社

東京都千代田区一ツ橋二-五-一〇　郵便番号一〇一-八〇五〇

電話　〇三-三二三〇-六三九一（編集部）

〇三-三二三〇-六〇八〇（読者係）

〇三-三二三〇-六三九三（販売部）書店専用

装幀……原　研哉　組版……MOTHER

印刷所……大日本印刷株式会社　凸版印刷株式会社

製本所……加藤製本株式会社

定価はカバーに表示してあります。

ISBN 978-4-08-720883-2 C0233

a pilot of wisdom

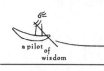